MERIDIANE

Aus aller Welt

Band 72

Linda Lê

Toter Buchstabe

AUS DEM FRANZÖSISCHEN VON
BRIGITTE GROSSE

AMMANN VERLAG

Die Originalausgabe erschien 1999
unter dem Titel »Lettre morte«
bei Christian Bourgois éditeur in Paris.

Erste Auflage 2005
© by Ammann Verlag & Co., Zürich
Homepage: www.ammann.ch
Alle deutschsprachigen Rechte vorbehalten
© 1999 by Linda Lê
Satz: Gaby Michel, Hamburg
Druck und Bindung: Clausen & Bosse, Leck
ISBN 3-250-60072-5

Die Toten lassen uns nicht los, sage ich zu meinem Freund Sirius und lege die Briefe meines Vaters in eine Lade. Die Qualen des Mezentius – Hand an Hand, Mund an Mund in *trister Umarmung* mit einem Toten – sind mir zur Strafe auferlegt. Die Briefe aus dem Land meiner Kindheit bleiben aus. Der sie schrieb, ist einen einsamen Tod gestorben und an einem Wasserlauf begraben. Doch er ist da, seine Haut berührt meine Haut, mein Atem haucht seinen Lippen Leben ein. Er ist da, sage ich zu Sirius, wenn ich mit dir spreche, wenn ich esse, wenn ich schlafe, wenn ich spazierengehe. Mir scheint, ich bin tot, während mein Vater, dieser Tote, der mir keine Ruhe läßt, vor Leben sprüht. Ich bin von ihm besessen, er saugt mir das Blut aus, nagt an meinem Gebein, nährt sich von meinen Gedanken. Immer wieder lese ich seine Briefe und sehe mich in meinem Vaterhaus, ich wohne nun dort, ich bin nicht mehr hier, ich bin ein Greis, der Tausende Kilometer von hier entfernt traurig seinen Tee trinkt und auf den Besuch seiner Tochter wartet, ich bin ein müder Mann, den nichts mehr ermuntert, ich bin ein einsamer Mann, der an die Abwesende denkt, ich bin ein Todgeweihter, der Briefe schreibt, als ob er blaue Tinte ausblute. Wenn ich das Meer betrachte, sind es seine Augen, die das Schillern des Wassers sehen, seine Ohren, die das Rollen der Wellen hören. Wenn ich durch die Straßen gehe, empfinde ich seine Gefühle. Wenn ich Obst esse, beißt er in den Apfel. Wenn ich spreche, fordern seine Worte Ausdruck, kommen seine Sätze aus meinem Mund. Der Schweigsame wohnt in der Bauchrednerin, nachts träume ich seine Träume. Ich bin erschöpft vom Nahkampf mit einem Geist. Der Leichnam meines Vaters lastet auf meinem Rücken, die Bürde krümmt meine Schultern. Ich bin wie die Söhne, die ihre kranke Mutter auf den Gipfel eines Berges tragen, sie dort sterben lassen und ohne sie zurückkehren, doch wo sie auch gehen und stehen, das Gewicht der toten Mutter auf ihrem Rücken, den Atem der toten Mutter in ihrem Nacken, die Hände der toten Mutter auf ihren Schultern spüren. Glaubst du, sage ich zu Sirius, daß die Toten sich rächen? Ich habe meinen Vater einsam sterben lassen. Er war ein schweigsamer Mann, und jetzt spricht er durch mich. Sagt seine Trauer, seine Bitterkeit. Ich lese seine Briefe, lese sie noch einmal, lege sie weg, hole sie wieder hervor. Vielleicht sollte ich sie verbrennen, damit auch das Gespenst in Rauch aufgeht. Doch die Toten sterben nicht. Sie leben von diesem Leben, manchmal still und leicht wie der Schritt einer Taube, manchmal drückend wie ein aufziehendes Gewitter. Über mir grollt es. Der Tote ergreift mich. Der Tote kommt mich besuchen. Ich irre durch ein dunkles Labyrinth, das von seinen Wor-

6

ten widerhallt. Ich suche ihn. Ich finde ihn. Ich verliere ihn. Er spielt mit mir. Seine Stimme sagt: warm, warm, kalt, ganz kalt, heiß. Mit einer Kerze in der Hand gehe ich durch das Labyrinth. Auf halbem Wege hat jemand meine Kerze ausgeblasen. Das Licht ist erloschen. Ich taste mich durch das Dunkel weiter. Sein Geist umkreist mich. Ich höre ihn murren. Manchmal sehe ich ihn vor mir wie auf den Fotos, auf einer Parkbank mit einem Hut auf dem Kopf oder am Meer. Seine Augen blicken mich forschend an, seine Hände warten auf meine Hand. Dann wieder sehe ich nur ein Gerippe, das um mich herum tanzt, ein Gespenst, das in seinem Leichentuch auf sei nem Grab an einem Wasserlauf hockt. Weißt du, sage ich zu Sirius, daß die Toten ihr Abbild auf unserer Netzhaut hinterlassen und wir durch diesen Schleier die Welt an ders sehen als vorher? Weißt du, sage ich zu Sirius, daß ich seit dem Tod meines Vaters das Leben wie aus einem Keller betrachte? Eingesperrt in einem dunklen, feuch ten Loch, das grelle Licht des Tages brennt mir in den Augen, der Lärm der Welt dröhnt in meinen Ohren. Ich kratze im Boden nach Spuren, die der Tote hinterlas sen haben könnte. Das Blau des Himmels erinnert mich daran, daß sein trauriger Blick sich nicht mehr an den Farben weidet. Der Schritt der Passanten erinnert mich daran, daß seine Ohren, die immer horchten, ob meine Schritte sich endlich dem Vaterhaus nähern, nun keinen Ton mehr hören. Welche Farbe sieht ein Mensch, wenn er die Welt verläßt? Das Weiß der Krankenhausbetten, das

Rot seines revoltierenden Bluts, das keiner seiner Lieben stillt, das Schwarz der Nacht, die sich auf seine Augen senkt, das Grün der Bäume, die weiterblühen, wenn er verwelkt und seine bleichen Wangen mit bitteren Tränen näßt? Welchen Laut vernimmt ein Mensch im Todeskampf? Das Raunen des Todes, der leise an seine Tür pocht, den Schrei eines Kindes, das eben zur Welt kommt, das Schluchzen seines Herzens, das einsam den Geist aufgibt? Waren seine Hände feucht? Die Wangen hohl? Hat er geredet, gekämpft, geweint, gerufen? Oder ging er stumm dahin? Fragte er nach der Zeit, ahnte er schon bei Tagesanbruch die Nähe des Nichts? Wäre ich bei ihm gewesen, sage ich zu Sirius, hätte ich jetzt ein paar Bilder, um die Erinnerung zu nähren. Ich hätte den Ausdruck seiner Augen behalten, als er seine Sterbestunde nahen sah, sein letztes Lebwohl, sein stummes Antlitz oder einen Händedruck, doch ich habe ihn einsam sterben lassen. Und jetzt besetzt er mich wie ein unbewohntes Haus, sein Schweigen lastet auf mir wie eine Grabplatte, die Worte, die er nicht sagte, fegen verheerend wie eisiger Wind durch meine Seele. *Der letzte Moment* und *das letzte Stündlein* sind gräßliche Begriffe, sage ich zu Sirius. Wir brauchen sie, um unseren Schrecken zu bemänteln, das furchtbare Grauen, das uns Überlebende bei dem Gedanken befällt, daß weiter die Zeit vergeht, obwohl sie für den, der da liegt, keine Bedeutung mehr hat. Er ist in die Ewigkeit eingegangen, er steht schon mit einem Fuß im Nichts, sein Leben ist für ihn nur noch Staub,

8

Rauch, Dampf. Im Scheiden sagte mein Vater, er liebe den Regen. Sonst wurde mir nichts überliefert. Es goß in Strömen, als mein Vater starb. Ich erinnere mich, daß er die warmen Schauer mochte. Als Kind sah ich ihn an verregneten Tagen am Fenster stehen und auf das Trommeln der Tropfen auf den Dächern horchen, sah ihn ohne Hut das Haus verlassen, auf Abkühlung brennend, sah ihn beim Donnerschlag die Ohren spitzen und mit dem Blick den Blitzen folgen, die das Grau durchzuckten. Mein Vater liebte die einfachen Dinge, sage ich zu Sirius: die Tropfen auf einem Bananenblatt, das Auf und Ab der Gezeiten, das Rauschen der Bäume im Wind, die Stille des Abends, die Silhouette einer Blüte, den Duft des Tabaks. Ich will Bilder sammeln von diesem Toten, der mich versetzt hat, um mich besser besetzen zu können. Stein um Stein werde ich das Vaterhaus wiedererrichten. Bahn um Bahn werde ich den Mantel der Erinnerung zusammenflicken. Wenn jemand gestorben ist, denken wir oft an das, was er mochte oder was er zu uns sagte, doch was er mochte, wurde mit ihm begraben, es nimmt einen bestimmten Farbton an, wie Dinge im Museum: Es erstarrt. Wir sammeln den Regen in einem kleinen Kästchen, das Wasser des Meeres in einem anderen kleinen Kästchen, die Stille des Abends in einem dritten kleinen Kästchen, und ein letztes kleines Kästchen enthält den Duft des Tabaks. Aus diesen Kästchen errichten wir einen Altar und sagen uns dabei ständig, daß der Tote das alles mochte, dabei hätte er eines Tages vielleicht seine Meinung ge-

ändert und den Regen, die Stille oder den Tabak plötzlich nicht mehr ausstehen können. Seine Worte sind von
der Erinnerung entstellt, aber wir leiern sie ab wie ein Gebet, wie eine Anrufung des Toten. So hat er gesprochen,
sagen wir, und am Ende heißt es: So ist er gewesen. Wir
sehnen uns danach, die Stimme des Toten wiederzuhören,
aber wir spießen sie an seinen Worten auf wie einen ge-
trockneten Schmetterling, den wir im Netz der Sprache
fingen, um ihn für unser Museum zu konservieren und
seine steifen Flügel zu betrachten. Nun, wo er tot ist, gehört er uns. Wir haben uns seine Worte und die Dinge,
die er liebte, angeeignet, das gibt uns die Macht, ihn hin
und wieder zum Leben zu erwecken, wenn wir uns an
etwas erinnern, das er gesagt hat, wenn wir den Deckel
eines Kästchens öffnen und auf den Regen horchen, den
er liebte, in die Stille horchen, die er liebte, dem Meer
zuhorchen, das er liebte. Mein Vater, sage ich zu Sirius,
geizte mit Worten, selbst in seinen Briefen. Ich gab nicht
besonders acht auf das, was er sagte, bis er starb. Ich las
seine Briefe, doch was er sagte, glitt spurlos an mir ab.
Wenn ich jetzt seine Briefe aus der Schublade hole und
sie noch einmal lese, schneidet das kleinste Wort mir ins
Herz, wühlt der winzigste Satzteil schmerzhaft in meinem Bauch. Diese Worte aus dem Jenseits wirken wie
Gift. Versengen meine Eingeweide. Ich verschlucke, ver-
schlinge sie. Sie stoßen mir sauer auf. Aber ich mag das.
Meine ganze Kindheit liegt in diesen Briefen aus den
zwanzig Jahren der Trennung. Die Worte in diesen Brie-

fen riechen bitter wie die Blumen, die mein Vater pflanzte, herb wie der Tabak, den er frühmorgens rauchte, süß wie das Naschwerk, das man an einer Straßenecke kaufen konnte. Ich sehe mein Vaterhaus vor mir, den schattigen Hof, die leeren Zimmer. Ich sehe meinen Vater, wie er mit mir durch das Straßengewirr spaziert. Ich lese die Worte, die jetzt ein Toter spricht, immer wieder. Hast du nicht einmal behauptet, sage ich zu Sirius, daß, wenn wir nach unserer Kindheit suchen, wir doch nichts finden als gäh⸗ nende Leere? Das Loch, vor dem ich stehe, ist das Grab meines Vaters, aus dem die Stimme meiner Kindheit steigt. Das Grab meines Vaters ist aus Papier. Er ruht auf Hunderten von Briefen, die rascheln unter seiner Last. Im Lauf der Jahre verlor mein Vater sein Fleisch, ich kann seine Augen, seine Lippen, seine Haare, seinen Gang nicht mehr beschreiben. Auch auf den Fotos sehe ich nur einen in Worte gehüllten Geist. Die Worte, die er mir schenkte, Worte aus einer fast vergessenen Sprache, vergif⸗ ten mein Leben. Sie sprechen von Verrat, von Fahnen⸗ flucht. Seit zwanzig Jahren, sage ich zu Sirius, seit zwan⸗ zig Jahren fliehe ich vor dem Gespenst meines Vaters. Solange mein Vater lebte, waren seine Worte stumpf. So⸗ lange mein Vater lebte, waren sie noch nicht tödlich. Jetzt, wo keine Briefe mehr kommen, jetzt, wo die Blätter, die ich in Händen halte, sein Archiv sind, meine ich eine Stimme daraus zu vernehmen, die mich richtet, die mich verurteilt. Er ist so einsam gestorben, wie er lebte. Seine Einsamkeit klagt mich an. Ich hätte in das Land meiner

Kindheit reisen und auf das Haus zugehen können, in dem mein Vater auf mich gewartet hat. Doch ich blieb diesseits des Ozeans und ließ ihn einsam sterben, ohne ein Wiedersehen. Als mein Vater gestorben war, klingelte sehr früh morgens das Telefon, und eine Stimme las mir ein Telegramm vor. In Vietnam sagt man nicht Tod, sondern Verlust. Er hatte sich verirrt und den Weg nicht mehr gefunden, so ging er mir verloren. Ich unterdrückte einen Aufschrei, Tränen. Plötzlich wurde mein Vater wieder lebendig. In den zwanzig Jahren der Trennung war er tot gewesen und in mir begraben. Erst sein Sterben ließ ihn wiederauferstehen. Regungslos saß ich auf meinem Bett. Kaum hatte ich aus dem Telegramm erfahren, daß ich meinen Vater verloren hatte, kam der Tote zur Tür hereinspaziert und ergriff von mir Besitz. Da stand er nun, in meinem Zimmer, an meinem Bett, ging auf und ab, blätterte in meinen Büchern, wühlte in meinen Laden, befühlte meine Kleider. Sein Lachen klang wie Zu spät! Nimmermehr! Spöttisch umkreiste mich das Gespenst. Ich bewegte mich nicht, starr vor Schreck. Der Tote murmelte unverständliches Zeug, der Rebell schrie seine Empörung hinaus. Ich habe ihn im Stich gelassen. In seinem Spitalbett wollte er schreien, rufen, fragen, wann der Tag endlich käme, an dem unsere Hände sich wiederfänden. Doch er hat nichts dergleichen gesagt, nur daß er den traurigen Regen liebte, der draußen fiel, als weinte der Himmel über das Schicksal aller verlorenen Menschen. Nun war er da, in meinem Zimmer, ein Geist in Fetzen, um ein Restchen Zärtlichkeit bettelnd. In seinem letzten Brief hatte er sich gewünscht, mich in meinem Exil besuchen zu dürfen, wenn ich schon den Weg zu meinem Vaterhaus, in dem er auf mich wartete, nicht fände. Ich habe seinen letzten Brief nicht beantwortet. Ich habe mir die Zeit genommen, die er nicht mehr hatte. Wir sind so sicher, daß uns das Zu spät! nie um die Ohren fliegt. Verpaßte Begegnungen sind unser Los, ein schlechtes Gewissen die Schale, an der wir unsere Lippen netzen. Mit bleichen Lippen lag mein Vater in seinem Spitalbett. Und ich war nicht da, um ihm Leben einzuhauchen. Ich war nicht da, um seine Kissen aufzuschütteln, ihm über die Haare zu streichen, ihm den Schweiß von der Stirn zu wischen, ich war nicht da, sage ich zu Sirius, um ihm vom Leben draußen zu erzählen, vom Zwitschern der Vögel, vom Tosen des Verkehrs, vom Ruf der Straßenhändler. Die Toten lassen uns nicht los, Sirius. Nicht die Lebenden geben den Toten das Geleit, weißt du, sondern die Toten begleiten die Lebenden. Seit seinem Tod ist mein Vater an meiner Seite. Er ist hier im Zimmer, er hört, was ich zu dir sage, es ist ja auch für ihn bestimmt. Wozu aber dieser Stegreifmonolog, wozu schreibe ich das alles als Ersatz für die Briefe, die ich ihm nicht schrieb, als er noch lebte? Er fehlt mir nicht, doch ich vermisse seine Worte, seine Stimme. Aus dem Land meiner Kindheit kommen keine Briefe mehr, und die Stimme, die mir in den letzten zwanzig Jahren beistand, wird mich nicht mehr erreichen. Eine Hälfte von mir ist verstummt. Ich überlebe dieses

Schweigen, indem ich die Briefe wiederlese. Sie sind mir ein Trost, auch wenn sie, solange mein Vater noch lebte, mir manchmal ein Ärgernis waren und das Antworten lästige Pflicht. Die Briefe meines Vaters waren knapp und trocken. Über sich schrieb er wenig, dafür wollte er um so mehr von mir wissen. Ich erzählte ihm nichts von meinem Leben, verheimlichte meine Lieben, und über der letzten, die mir den Boden unter den Füßen wegzog, vergaß ich ihn und seine Briefe fast ganz. Er ahnte nichts von den langen Stunden des Wartens auf einen Mann, den ich bei mir Morgue nannte, weil mit ihm meine Hoffnungen starben und die Zerstörung in mein Leben trat. Als ich seine Leere umarmte, seine Selbstsucht, die nur gab, um mehr zu nehmen, verlor ich meine ganze Kraft. Da war nichts, nur die gemeine Liebe zu einem Mann, der verheiratet war und mich mit seinen Ausweichmanövern überrollte. In seinem Blick lag meine Schönheit, in seinem Blick lag meine Jugend, in seinem Blick lag mein Verstand, den ich, als ich Morgue verlor, auch fast verloren hätte. Ich schrieb meinem Vater nicht mehr, ich schrieb an Morgue. Die stolze Einsamkeit gestand ihre Verzweiflung wie eine Bettlerin der Liebe, die ihre schmerzensreichen Ergüsse für unerhört neu hält. Dabei war alles schon gesagt, über die Liebe, über den Tod, über den Tod der Liebe und die Todesliebe, die mich verfolgte, die Lust, mich aus dem Fenster zu stürzen, mich vor einen Zug zu werfen, mir die Pulsadern aufzuschneiden, die Stigmata einer geschlagenen Liebe in meinen Leib zu

14

gravieren. Mein Vater hat davon nie etwas erfahren. Wenn ich heute an diese Zeit denke, in der ich verstummte und ihn im Ungewissen ließ, würde ich gern die Worte des blinden Dichters zitieren, ... *daß deine Schwäche also meine Schwäche höre, so nah einander, fast verwandt, daß deine Schwäche meiner vergebe und man dich milder richte, so du nicht fälschlich von mir mehr Stärke forderst, als in dir selber war.* Glaubst du, sage ich zu Sirius, daß die Toten uns vergeben? Am Vorabend von meines Vaters Tod beschloß ich, Morgue zu meiden. Der Schmerz trat in mein Leben: Tod einer Liebe, Tod eines Vaters. Ich hatte das Spiel verloren. Verloren. Was wußte ich von diesem Wort, das mir so schön erschien? Was wußte ich von den Wunden, die wir uns selbst zufügen, damit wir aufwachen vom Geruch des Blutes, damit wir uns wiederfinden in dem kleinen Tod? Die Narben, die ich wie makabre Ornamente, wie eine Messermalerei an meinen Handgelenken trage, sind selbstgemacht, kurz nach dem Tod meines Vaters. Ich hatte seine Briefe aus der Schublade genommen und neben mich aufs Bett gelegt, um mein Blut darauf tropfen zu sehen. Ich hatte Schlafmittel geschluckt. Ich wußte, daß es aussichtslos war, aber ich wollte unbedingt zu ihm zurück, und wären es nur ein paar Tage. Ohnmächtig lag ich da, mit blutig zerschnittenen Handgelenken. Da schien mir, daß er mich rief, daß meine Hand die seine fand, daß er in meinem kleinen Tod an mein Bett trat und mich ansah, wie man ein Kind ansieht, das eine Dummheit gemacht hat. Als ich erwachte, war es kalt im Zimmer. Es war die Kälte des To-

des, die Kälte, die der Tote mitgebracht hatte, als er eintrat. Freunde waren gekommen, auch du warst da, Sirius.
Ich habe niemanden erkannt. Die Briefe meines Vaters
und seine Fotos, die ich während meines langen Schlafs
aus dem Rahmen genommen hatte, drückte ich fest an
mich. Er war hier, sagte ich, er hat das Messer geführt, das
war die gerechte Strafe, ich habe den Tod verdient, den
ich mir selbst nicht geben konnte. Ich war mager und
bleich. Du sprachst mit mir, Sirius. Eine Freundin verband meine Wunden. Doch ich erkannte euch nicht. Ihr
wart lebendig, und ich war tot, das Königreich des Ver-
lusts war mein Exil. Meine Augen suchten nach meinem
Vater. Meine Faust umklammerte das einzige, was er mir
vererbt hatte, seine Uhr. Sie war in seiner Sterbestunde
stehengeblieben. Überall war Blut, auf meinem Bett, auf
dem Boden, auf den Briefen, auch seine Uhr hatte einen
kleinen roten Fleck. Ich saß am Bettrand, zitternd und
verzagt wie ein Kind, dem man nur schäbigen Plunder
geschenkt hat, tote Buchstaben und eine kaputte Uhr.
Da hast du dich über mich gebeugt, Sirius, und gesagt,
solange der Vater lebt, sind wir nur ein Propfreis, ein
Steckholz, doch wenn er tot ist, müssen wir wachsen und
uns dem Himmel entgegenrecken wie prächtige Bäume
mit dichtem Geäst. Versteck die kaputte Uhr, hast du gesagt, versteck sie im hintersten Schubladenwinkel. Verbrenn diese Briefe, hast du gesagt, verbrenn diese Briefe,
die dich verzehren in einem unsichtbaren Feuer. Ich hätte
sterben sollen in dem Moment. Dann wäre ich in eurer

Mitte gestorben, während mein Vater vergeblich nach einer Hand gesucht hat, die seine hielt. Ich weiß, er weinte in der Stunde seines Abschieds. Stumme Tränen rannen ihm über die Wangen. Und niemand hat sie getrocknet. Es war heiß. Niemand da, ihm zu fächeln. Niemand da, ihn zu belügen, ihm weiszumachen, daß der Schmerz, der durch seinen Körper raste, frühmorgens nachlassen würde, daß er frisch und munter erwachen und in zwei Tagen zu Hause sein würde. Niemand da, ihm einfach zu sagen, hab keine Angst, ich bin da. Allein hat er die Pforten der Nacht durchschritten. Nun sind sie wieder verschlossen. Er ist auf der anderen Seite, ich bin hier, ich hämmere gegen die Tür, ich verlange die Rückerstattung der Vergangenheit und einen Richtungswechsel der Zeit. Ich möchte mich an seinen Bettrand setzen, seinen durchscheinenden Leib in meine Arme nehmen, den schweren Atem des Todgeweihten an meinem Hals spüren und das Phantom an mich drücken, das mir zwanzig Jahre lang geduldig Briefe schrieb, die mich aneinandergereiht wie ein Faden zu meinem Vaterhaus geleitet hätten. Ich aber irrte durch das Labyrinth des Lebens und vergaß, auf den Faden zu achten, der jetzt gerissen ist. Jetzt, sage ich, wo es doch keine Gegenwart mehr gibt. Die Zeit ist mit dem Tod meines Vaters stehengeblieben. Ich trage seine kaputte Uhr am Handgelenk und erlebe den Moment, in dem er fortging, immer wieder von neuem. In den letzten Jahren bin ich so vielem nachgelaufen, sage ich zu Sirius. Ich bin der Liebe nachgelaufen, der Literatur, dem

Ruhm. Wir rennen wie wild durch die Gegend, wollen auf jeden Zug aufspringen und versäumen doch den einzigen, der unserem Leben Sinn geben könnte. Ich habe den Zug der letzten Dinge verpaßt, den Zug, in dem die erste und letzte Begegnung hätte stattfinden sollen. Bin ich meinem Vater je begegnet? Ich habe ihn gesucht und geflohen in den zwanzig Jahren der Trennung und ihn in dem Moment verpaßt, da er ging. Er war schon vor seinem Tod zu einem Geist geworden. Er spukte durch mein Leben, meine Tage, meine Träume, er mischte sich in die Luft, die ich atmete, er las über meine Schulter mit, er sah mir beim Schlafen zu, er paßte auf mich auf, seine Anwesenheit beruhigte mich, und seine Briefe waren wie Dokumente, die mir ein Existenzrecht zusprachen. Schau, Sirius, seine Schrift. Sie war schön und würdevoll. Er schrieb mit blauer Tinte auf liniertem Papier. Er begann seine Briefe immer mit Mein liebes Kind. Das war die magische Formel, die mir die Kindheit zurückgab, den herben Geschmack jener Zeit, in der ich noch klein war und er mir über die Haare strich, mich ins Bett brachte, mich pflegte, wenn ich Fieber hatte, mich an der Hand nahm und mir die Stadt im Regen beschrieb, daß sie vor mir aufging wie ein Bilderbuch voll tierischer Gestalten: Hier hüpfte ein Frosch im Festtagsstaat durch die Pfützen, da schlich eine Eidechse die Wand entlang, dort strich ein Entlein seine Federn glatt, dort kroch voll weiser Voraussicht eine Schildkröte dahin, ohne den Kopf unterm Kegelhut hervorzustrecken, und mittendrin kämpfte ein komischer Wal mit seinem Taschenschirm. Das Kind, das ich damals war, hatte wenig Spielzeug und keine Freunde. Mein Vater ersetzte mir die Spielgefährten. Er bastelte Drachen und Laternen, er zeichnete Tiere und erzählte mir vom Leben der Vögel, die es in der Stadt nicht gab. Mein Vater, sage ich zu Sirius, ist in einer Bauernfamilie geboren, mitten in einem Garten voller Affen und Vögel. Seine Sehnsucht nach der Natur hatte er in die Stadt mitgebracht. In seinen Briefen schrieb er, daß er manchmal mit dem Boot aufs Meer hinausfahre oder mit dem Zug nach Norden, in das Land seiner Jugend. Die Reise dauere zwei Tage. Er besuche dort das Grab seiner Ahnen. Sein Grab liegt an einem Wasserlauf. Ob ich je dorthin kommen werde? Glaubst du, daß er auf mich wartet, Sirius, daß er mich losläßt, wenn ich niederknie an seinem Grab? Nein, die Toten lassen uns nicht los. Denn was wären wir ohne sie? Wir sind bloß Staub, in ihnen ruht die ganze Kraft der Welt. Wir zerstören, was die Toten schufen, doch das Raster stammt von ihnen. Wir wiederholen, was die Toten sagten, doch die Wörter haben sie erfunden. Wenn mein Vater zum Grab seiner Ahnen reiste, war er auch auf der Suche nach seiner verlorenen Jugend, der glücklichen Zeit im Norden des Landes inmitten von Affen und Vögeln. Als ich noch ein Kind war, erzählte er mir von seinen Ausflügen zum Fluß, an dessen Ufer sein Dorf lag. Er ging stundenlang baden. Einmal wäre er fast ertrunken. Riesige Algen hatten sich um seine Füße geschlungen und zogen ihn auf den Grund. Gerettet hat ihn seine große Schwester. Sie sprang hinein und holte ihn heraus. Da war er zehn. Er ging auch gern fischen. Dann brach er frühmorgens auf, um mit dem Kescher kleine Fische zu fangen. Manchmal ging ihm ein Aal ins Netz, den briet er an Ort und Stelle und blieb den ganzen Tag an der Sonne, fischend und schwimmend. Als er in die große Stadt kam, wo wir leben mußten, waren die glücklichen Stunden dahin. Er hatte das Gefühl zu ersticken. Er züchtete Blumen in unserem Vorgärtchen. Er hatte dort auch zwei Bäume gepflanzt. Sie blieben schwach und dürr und trugen nur wenige Früchte. In ihrem Schatten saß er abends nach dem Essen, zeichnete und malte. Mein Vater wollte Maler werden, sage ich zu Sirius, war aber Angestellter in einer Bank. Er hat alle Kriege, alle Umstürze miterlebt. Nach der Teilung des Landes verließ er den Norden, überschritt heimlich den siebzehnten Breitengrad und kam in den Süden, irrte von Ort zu Ort und strandete schließlich in der großen Stadt, in der wir leben sollten. Dort traf er meine Mutter. Ihre Familie sah in ihm einen dieser wurzellosen Herumtreiber aus dem Norden, dem der Süden ohnehin zutiefst mißtraute, und war gegen eine Heirat, die dennoch stattfand. Ich sehe das Hochzeitsfoto vor mir: mein Vater allein, von der Familie meiner Mutter umstellt, die eine hochmütig reservierte Miene zur Schau trägt. Bald danach kam ich zur Welt. Was für ein unpassender Ausdruck, Sirius! Warum bin ich zur Welt gekommen, von der mein Vater fortging? Was trieb mich in diese trostlose

Hölle? Der Tod wird mich holen wie meinen Vater, dem er nicht die Zeit für eine allerletzte Freude ließ. Ich kam ohne eigenes Leben zur Welt, war nur das Kind meines Vaters, sein Fortsatz, sein liebes Kind, von ihm gewickelt, auf den Arm genommen und gefüttert. Meine Mutter wurde kurz nach meiner Geburt von einer tödlichen Schwermut befallen. Hinter den verschlossenen Fensterläden ihres Zimmers verbrachte sie ganze Tage im Bett. Mein Vater war es, der für mich sorgte. Ich erinnere mich an seine warmen Hände auf meinem Körper, an seinen kratzigen Bart, der meine Haut erschauern ließ. Ich erinnere mich, daß ich oft Fieber hatte, ein schwächliches, kleines Gespenst, vom Vater ins Leben zurückgeholt. So hätte ich ihn ins Leben zurückholen müssen, als er im Krankenhaus lag und darauf wartete, daß einer kam, um seine Wäsche zu wechseln, um ihm Essen zu bringen, um ihm die Hand zu streicheln, als wäre er ein fieberndes Kind, das sich im Dunkeln fürchtet und ohne Geschichte nicht einschlafen kann, weil die Möbel in seinem Zimmer sich vor seinen Augen verwandeln. Ich hätte ihm die Geschichte von der Prinzessin erzählt, die unabsichtlich den Vater verriet. Der ließ sie köpfen. Der Kopf fiel ins Wasser und wurde zu einer reinen, weißen Perle, womit ihre Treue erwiesen war. Doch ich bin nicht diese Prinzessin. Ich habe ihn verraten. Ich ließ ihn einsam sterben. Ich habe ihm nicht bei der Pietà geholfen, ihm nicht erlaubt, das Bild einer Frau zu zeichnen, die ihren Sohn in den Armen hält. Denn sterbend wurde der Vater zum Sohn.

Und keine Trösterin hat sich seiner erbarmt. Er ging allein. Man sollte sie öffentlich steinigen, diese Mutter, die nichts als Trauer gebar. Wirf du den ersten Stein auf mich, Sirius. Schieß du den ersten Pfeil ab. Ziel aufs Herz. Ziel auf die Augen, diese Augen, die nicht sehen konnten. Schrei mir die Wahrheit in die Ohren, die nicht hören konnten. Am Vorabend von meines Vaters Tod schlief ich mit einem bedrückten Gefühl ein, es lastete schwer auf meiner Brust. Ist es das, was man Ahnung nennt? Geben die Toten, bevor sie gehen, uns einen Wink? Nachts schreckte ich aus dem Schlaf hoch, aber ich dachte nicht an meinen Vater, ich dachte an Morgue, fürchtete um ihn. Meinen Vater verriet ich bis zum letz-ten Augenblick. Obwohl ich ihm während der letzten Monate vor seinem Tod in meinen Briefen versprochen hatte, bald ins Vaterhaus zurückzukehren, zögerte ich das Wiedersehen immer weiter hinaus. Ich wollte ihn nicht treffen, er sollte das Gespenst in seiner Hülle aus Wörtern bleiben, das mir zärtliche Sätze zuraunte, er durfte sich nicht verkörpern. Während mein Vater auf mich wartete, machte ich mich auf die Suche nach meinem Onkel, einem Bruder meiner Mutter, der sein ganzes Leben in der Psychiatrie verbracht hat. Ich hatte ihm geschrieben und erwartete seine Antwort. Diesen Verrückten, den ich nicht kannte – ich erinnere mich nur, daß ich ihn als Kind oft trinken und singen gesehen hatte –, wollte ich treffen, als ob im Wahnsinn die ersehnte Antwort läge. Daß der Verrückte mich so faszinierte, war ein Vorgeschmack auf das, was mir nach dem Tod meines Vaters blühte, als ich in meinen Wahnanfällen Paris durchirrte, von einer Angst gehetzt, die mich am Hals würgte, mich an den Haaren riß und mich antrieb, in die Seine zu springen. Diesem Verrückten, den ich nicht kannte — ich erinnere mich nur, daß ich als Kind manchmal gesehen hatte, wie er die Menschen in seiner Umgebung mit einem Messer verfolgte —, wollte ich mich stellen wie einem Gericht, um für ein Verbrechen verurteilt zu werden, von dem ich noch nichts wußte. Angeblich war er in der Anstaltsbücherei beschäftigt, angeblich hatte er sich ein Moped gekauft, und in Momenten großer Klarheit, so hieß es, erkannte er seine Besucher. In dieser Stadt der Irren stellte ich ihn mir vor, ein Geheimnis wahrend, das er mir anvertrauen würde, das Geheimnis des Lebens, denn damals war ich mir sicher, daß nur die Verrückten den Schlüssel besitzen, der uns verlorenging, daß nur die Verrückten die Spra‑ che der Vernunft beherrschen. Warum, Sirius, müssen wir an einem bestimmten Punkt unseres Lebens Abkürzun‑ gen nehmen und uns an den Rand der Gesellschaft bege‑ ben in der Hoffnung, dort die Menschen zu finden, die, weil sie verrückt sind, über die ewige Weisheit verfügen, warum müssen wir mit dem Feuer spielen, unsern Ver‑ stand am Wahnsinn reiben, warum suchen wir uns einen Doppelgänger, der irre redet oder mit seinem Schweigen auf unsere eigene Verwirrung weist? Ich erinnere mich, daß mein Onkel uns oft in meinem Vaterhaus besuchte, aber nach ein paar Tagen gab es wieder eine Katastrophe, und er mußte in die Anstalt eingeliefert werden, weil er auf das Verdeck eines vor dem Haus geparkten Wagens geklettert war und von dieser Kanzel Passanten gesegnet und gepredigt hatte, oder weil er Flaschen mit seiner Pisse, die er als Weihwasser ausgab, im Kühlschrank aufbewahrte und allen verbot, sie anzufassen. Meistens bedrohte er meinen Vater mit einem Messer, weil er ihn für besessen hielt, und wollte ihm den Teufel austreiben, indem er ihn hinter dem Ohr schnitt. Wenn er nicht mit seinen Exorzismen beschäftigt war, saß er am Wohnzimmerfenster und sang zum Kopfzerspringen oder äffte meinen Vater nach, zeigte ihm die Zunge, machte Grimassen, verlangte zu essen, warf alles zu Boden, was man ihm brachte, und kroch dann herum, um es aufzulecken. Bei Vollmond ging er in den Garten, heulte schaurig wie ein Hund den Mond an, weissagte im Schatten der Bäume das Ende der Welt, aß Blätter, die er, Beschwörungen murmelnd, einzeln von den Bäumen pflückte, und rief die Elemente an, Schauer, Sturm, die Sintflut, damit sie entfesselt die Erde von allem Unrat befreiten. Er sei der Herrscher des Himmelspalasts, sagte er, mein Vater aber regiere die Kreise der Hölle. Nachts stand er auf und pißte in einen Pott, den er ans Bett meines Vaters schleppte, um ihn mit diesem Weihwasser zu besprengen. Wenn er das Haus verließ, rannte ein Rudel Jungen hinter ihm her und warf mit Steinen und Abfall nach ihm. Schmutzig und kotverschmiert kam er zurück, mein Vater wusch ihn und zog ihm frische Kleider an. Das ging so über Jahre, bis die Familie meiner Mutter den Onkel nach Frankreich in die Anstalt schickte, wo er noch heute lebt. Dorthin hatte ich ihm geschrieben. Er antwortete nicht. Mein Vater schrieb mir damals oft. Meine Briefe an ihn hat er zerrissen, als ob er ahnte, daß sein Ende nahte, und verhindern wollte, daß sie in fremde Hände gerieten, die Zeugnisse meines Verrats, in denen immer von einem baldigen Wiedersehen und meiner Ungeduld die Rede war, ihn in die Arme zu schließen. Und doch schob ich meine Rückkehr hinaus. Ich wollte den verrückten Onkel finden, den ich mir vorstellte, wie er inmitten all seiner Bücher saß oder in wilder Fahrt mit seinem Moped durch die Stadt kariolte. Und ich empfing noch Besuche von Morgue, die letzten Besuche eines zerstreuten Geliebten, der in meinen kurzsichtigen Augen die Bestätigung lesen wollte, daß er der Einzige sei, der Mann, für den ich meine Arbeit und die Briefe an den Vater liegenließ. Er kam. Ich war nervös, ich verschüttete Tee auf dem Tisch, ich begann einen Satz und vollendete ihn nicht, um ihm zuzuhören, wenn er über ein Projekt sprach, das ihn wieder ganz nach oben bringen sollte, einen Sturm, der die jungen Bäume in seinem Garten geknickt hatte, eine komische Sitzung bei einem einarmigen Zahnarzt, die Nächte, die er mit der Bestandsaufnahme aller Gifte verbrachte, die nicht mehr gegen seine Schlaflosigkeit wirkten, seinen Lebensekel und seine Zechgelage mit ein paar Getreuen, deren Krakeel seine Schwermut vertrieb. Er redete und redete, dann ging er. Ich legte mich schlafen, den Tod in der Seele. Du hattest mich vor diesem Mann gewarnt, Sirius, erinnerst du dich? Du nahmst mich in den Arm, gabst mir einen Kuß auf die Stirn und sagtest: Mach Schluß mit ihm, bevor er dich zerstört, Morgue liebt nur sich selbst, Er fängt dich ein und macht dich zu seiner Liebessklavin, aber er wird dir nie etwas geben, Er ist ein kleiner König, der immer alles von anderen erwartet, von seiner Familie, von seinen Getreuen, von seinen Geliebten, Die ganze Welt existiert nur, um ihm zu dienen, Er wird dich zerbrechen mit seinen zerstreuten Aufmerksamkeiten, seiner Unschlüssigkeit, seinen Lügen, Lauf weg, flieh, bevor es zu spät ist. Aber es war zu spät, Sirius, ich verbrachte meine Tage *ohne etwas zu wollen, als ihn eine Stunde zu sehen und den Rest der Zeit auf ihn zu warten.* Das Leben besteht nur aus Warten. Mein Vater hat auf mich gewartet, ich habe auf Morgue gewartet, der aber hat auf nichts gewartet, sondern lieber das Vergnügen gepflegt, andere warten zu lassen. Und worauf hat der wahnsinnige Onkel inmitten all seiner Bücher gewartet? Als Kind sah ich ihn oft am Fenster sitzen und auf die Sintflut warten. Er zündete Räucherstäbchen an, pflanzte sie unter die Bäume und tanzte um sie herum. Er sagte zu meinem Vater, bald würde die Erde sich verkehrt herum drehen, wir alle stünden kopf, dann würde man ihn endlich als den Heiligen Geist, den himmlischen Genius anerkennen, gekommen, um die Dämonen zu vernichten. Er zeigte auf mich, während er das sagte. Ich war das Teufelchen. Er verbrannte Zeitungspapier, näßte die Asche mit seinem Harn und gab mir, um mich zu erlösen, davon zu trinken. Ein anderes Mal setzte er mich auf seine Knie und sagte, ich sei eine Fee, doch um zu beweisen, daß ich ein guter Geist sei, müsse ich meinen vom Teufel besessenen Vater in Stücke schneiden und verschlingen. Wenn er nicht am Fenster saß, um auf das Jüngste Gericht zu warten, lief er herum, zerfetzte seine Kleider und bespritzte sich brüllend mit kaltem Wasser. Stahl meinem Vater Geld und ließ sich neue Kleider machen, Theaterkostüme, lange, wallende Gewänder in schreienden Farben. Als Herrscher des Himmelspalasts, sagte er, müsse er entsprechend angezo-gen sein. Und sang Arien. Die Jungen versammelten sich vor unserem Haus und stoben davon, wenn er auf der Schwelle erschien. Bald wurde er seiner Gewänder über-drüssig, zerriß, zerfledderte sie, trat in diesen Lumpen vor meinen Vater und sagte, er habe mit den Dämonen ge-kämpft, die ihn nachts überfallen hätten. Dann mußte er wieder in eine Anstalt, wo man ihn in Ketten legte. Nach ein paar Wochen kam er zurück und verbrannte das Geld meines Vater, da es Teufelslohn sei. Einmal legte er Feuer an die Matratze, auf der er schlief, fast wäre das Haus ab-gebrannt. Mein Vater hat ihn gemalt, in seinen Theaterge-wändern, von Flammen umgeben. Mein verrückter On-kel wollte das Bild verkaufen. Er irrte tagelang durch die Bars der Stadt, das Bild unterm Arm, und bot es jedem Ausländer an, für einen Dollar oder ein Glas Whisky. Wurde es aber nicht los, brachte es wieder zurück und zerstörte es vor den Augen meines Vaters, der ihn noch einmal gezeichnet hat, am Fenster sitzend, das Gesicht zu einer scheußlichen Fratze verzerrt. Diese Zeichnung habe ich vor Augen, wenn ich an meinen Onkel denke, so stelle ich mir ihn in der Anstalt vor, inmitten all seiner Bücher, wie er mit zerquältem Gesicht den unsichtbaren Dämo-nen Grimassen schneidet. In seinen Briefen spricht mein Vater nie von dem verrückten Onkel, und du fragst dich wahrscheinlich, Sirius, warum ich nach ihm suchte. Ich suchte die Nähe des Wahns, weil ich fühlte, daß mein Ver-stand auf der Kippe stand, und glaubte, daß der Irrsinn meines Onkels die Schatten verjagen könnte, die mich einzukreisen begannen. Ich hatte Angst. Um mich war eine große Einsamkeit. Du, Sirius, kamst mich besuchen, aber ich konnte die Sorgen, die mich quälten, nicht mit dir teilen. Morgue kam und ging, erzählte von seiner Frau, die er wie seinen Augapfel hüte. Mein Vater drängte in seinen Briefen auf mein Kommen. Die Liebe verging, der Tod kam näher. Du hast mir vom Tod deines Vaters er-zählt, Sirius. Daß er dich, als er im Krankenhaus lag, darum bat, ihm eine Pistole zu besorgen. Und daß du sei-ner Bitte nicht gehorchtest. Daß er in der Nacht gestorben ist, als du ihn vor Gesundheit strotzend vor dir sahst, in einem unsagbar zärtlichen Traum. Mein Vater hat mich nur gebeten, ihm die Hand zu halten, und daß ich nicht kam und nicht bei ihm war, ist so, als hätte ich die Pistole unter sein Kopfkissen geschoben. Als ob ich aus nächster Nähe auf ihn geschossen hätte. Die Worte, meine verlo-genen Worte, meine gebrochenen Versprechen, haben ihn zuverlässiger getötet als eine Kugel. Was meinst du, Sirius, ob Tote nachtragend sind? Ich wüßte gern, was mein Vater anhatte, als es mit ihm zu Ende ging. Er besaß ein blaues Hemd, das er gern trug. Ich erinnere mich, daß ich ihn oft darin sah als Kind. Es war wie ein Streifen Himmel, so als hätte er ein Stück von dem großen blauen Tuch abgerissen und angezogen. Wenn ich, weil ich Fieber hatte, im Bett liegen mußte und die Möbel ins Riesenhafte wuchsen und immer näher rückten, um mich zu zermalmen, neigte sich eine Gestalt in Blau über mich, und der Himmel ging auf, ich bekam wieder Luft. Ach, Sirius, warum bin ich kein Kind geblieben, das Zärtlichkeiten und Bonbons fordert? Warum bin ich kein Kind geblieben, das an den Rockschößen seines Vaters hängt? Auch der verrückte Onkel schenkte mir Bonbons, und während ich an dem zähen Naschwerk kaute, versuchte er mir das Versprechen abzuluchsen, daß ich ihm dabei helfen würde, meinen Vater zur Ader zu lassen. Dabei zeigte er mir, wie man das Messer hinter dem Ohr oder am Hals des Besessenen ansetzt und hineinstößt, auf daß mit dem Blut auch das teuflische Gift aus der Wunde sprudle. Genauso ließ Morgue mich bluten. Liebe ist wie ein Messer. Er setzte es mir an den Leib, ich spüre noch die kühle Klinge auf meiner Haut, die Spitze, die sich in meinen Hals bohrt. Jedes seiner Worte ritzt meine Adern, auf daß in krampfhaftem Gelächter Blut daraus spritze. In meinen Alpträumen wird Morgue zum Greif, der auf mich herabstürzt und mich in seinen Klauen davonträgt. Ich wehre mich. Er wirft mich auf ein Bett, und seine Krallen graben sich tief in mein Fleisch. Dann kommt das Raubvogelweibchen, es schlägt mit den Flügeln in mein Gesicht und hackt mit dem Schnabel nach meinen Augen. Sie wollen mich zerreißen. Ich schreie, aber niemand hört mich. Hörst du das bittere Lachen, das die Nacht mir brachte, Sirius, das in den Kissen erstickte Schluchzen? Wer hörte meinen Vater, wenn er nachts nach mir rief? Als Kind habe ich oft bei ihm geschlafen. Ich preßte meinen kleinen Körper an seinen und atmete den Duft seiner Haut ein. Er legte seine Hand auf meine, und dann schliefen wir so, Hand in Hand. Ich liebte seinen regelmäßigen Atem. Manchmal lag ich mit offenen Augen im Dunkeln und hörte ihm beim Schlafen zu, verfolgte jede noch so kleine Bewegung und versuchte seine Träume zu erraten. Als wir beisammen schliefen, hast du mich mit deinen sanften Gesten und ins Ohr geflüsterten Worten mich an meinen Vater erinnert, Sirius. Angst hatte mich überfallen, ich weinte in deinen Armen, du zogst mich aus, du brachtest mich ins Bett und legtest dich zu mir. Deine Hände erforschten meinen Körper. Ich fühlte nicht den Kitzel der Wollust, ich fühlte tiefen Frieden. Der Tote war bei mir, der Tote verzieh mir. In dieser Nacht träumte ich von meiner Rückkehr ins Vaterhaus. Erst ging ich durch die vordere Tür. Mein Vater war nicht da. Ich kehrte um und nahm die hintere Tür. Das Haus war leer. Ich setzte mich an das Fenster, an dem mein Onkel so gern saß. Ich sah die beiden dürren Bäume. Ich sah das Bett, in dem ich früher mit meinem Vater schlief. Die Stoffpuppe lag darin, mit der ich als Kind immer spielte. Die Puppe war groß geworden, sie ähnelte mir. Sie krümmte sich vor Schmerzen wie ich früher. Ich beugte mich über sie, schlug die Decke zurück und streichelte ihr den Bauch. So wie mein Vater, wenn er mich krank, naßgeschwitzt und mit schmerzverzerrtem Gesicht im Bett fand. Die Puppe seufzte. Ein Schatten erschien im Fenster. Es war mein Onkel. Mit seinem Messer in der Hand. Er trat ans Bett, stieß der Puppe das Messer in den Bauch und lachte höh-nisch. Dann packte er sie an den Haaren und schüttelte sie, bis sie in Fetzen ging. Verräterin, Verräterin, brüllte er, ich werde dich bestrafen! Ich bin mit starken Bauch-schmerzen aufgewacht. Neben dem Bett, in dem wir beide lagen, du und ich, sah ich den verrückten Onkel ste-hen. Er murmelte Beschwörungen und pißte auf den Fuß-boden. Dann bin ich wieder eingeschlafen. In meinem Traum brauste er auf seinem Moped durch eine Straße, in der gerade Karneval gefeiert wurde. Die Teilnehmer tru-gen Totenmasken und tanzten zu höllischen Tempi. Hin-ter der Absperrung stand eine Gruppe Schaulustiger, in denen ich die Insassen der Anstalt erkannte. Ihre Gesich-ter waren fahl und aufgedunsen, sie wackelten mit dem Kopf und entblößten beim Lachen ihre Zähne. Ein Tän-zer wurde von dem Moped überfahren. Die Maske fiel. Ich sah das Gesicht meines Vaters. Ich ging zu ihm hin. Er sagte: Faß mich nicht an! und starb. Ich wich zurück. Die anderen Tänzer stießen mich zur Seite, hoben den Leichnam meines Vaters auf ihre Schultern, trugen ihn zu einem Scheiterhaufen und setzten den Holzstoß in Brand. Qualm nahm mir den Atem. Ich verbarg mein Gesicht in meinen Händen und wachte auf. Du lagst an meiner Seite, Sirius. Du sprachst im Schlaf. Du sagtest: Mein Schmuckstück. Ich drückte deine Hand. Im Zimmer war einiges los. Mein irrer Onkel schlich irgendwo herum. Ich roch den Gestank seines Urins und hörte ihn murmeln. Mein Vater bemängelte den Trost, den du mir gabst. Gegenstände waren verrückt, ein Glas Wasser war verschüttet. Ein Bilderrahmen hing schief. Die Uhr meines Vaters, die ich, wie ich mich genau erinnern konnte, auf den Tisch neben dem Bett gelegt hatte, war auf den Boden gefallen. Die Toten verzeihen nicht, Sirius. Ich war mit der sicheren Gewißheit aufgewacht, daß mein Onkel in seiner Anstalt krepiert war, ohne daß jemand davon wußte. Auch er starb einsam. Blieb eines Morgens einfach liegen, drehte das Gesicht zur Wand und segnete wortlos das Zeitliche. All diese einsamen Toten, und das Leben geht weiter, als hätte die Maschine nicht einmal gestottert. All diese Toten, die wir nicht im Leben halten können, fordern zu Recht von uns Rechenschaft. Ein Wort von mir, und mein Vater hätte womöglich länger gelebt. Aber meine Worte galten Morgue, ich hatte Angst um sein Leben, weil meine Liebe zu ihm starb. Ich fürchtete, er würde sterben, weil ich meiner Liebe den Gnadenstoß gab. Doch Morgue gehörte nicht zu denen, die das Ende einer Liebe umbringt. Ich ging allmählich zugrunde. Ich

schmeckte das Gift in meinem Mund. Ich spuckte Blut.
Ich hatte Ausschlag am ganzen Körper. Ich hatte ständig
zitternde Hände. Mich ekelte vor dem Essen. Ich war wie
ein fiebriges, hautloses Tier, das beim geringsten Laut zusammenzuckte und in Tränen ausbrach, wenn es ange-
sprochen wurde. Morgue kam und redete laut und ging
bald wieder. Wenn er weg war, nahm ich jedesmal ein
Foto oder ein Schreiben von ihm aus der Lade und zerriß
es in kleine Fetzen, als ob es genügte, die stofflichen Zeugnisse einer Beziehung zu zerstören, um den Schmerz los-
zusein. Genauso verbrannte mein Vater ein paar Wochen
vor seinem Tod meine Briefe. Er machte sich zum Abschied bereit. Er wußte, daß ich meine Versprechungen
nicht einlösen würde. Eines Abends, als er von einem Spa-
ziergang aus der Stadt zurückkam, setzte er sich an den
Tisch, las jeden Brief noch einmal durch und rieb ein
Streichholz an. All meine Lügen lösten sich in Rauch auf.
Was fühlt ein Mensch, der sicher weiß, daß er bald nicht
mehr ist? Verzerrt sich sein Gesicht vor Furcht? Klammern seine Hände sich ans Leben? Zieht er die Bilanz
eines Daseins, in dem es nur Leiden und Warten gab?
Weckt ihn allmorgendlich die Angst, die in seinen Eingeweiden wütet? Mein Vater hatte keine Angst vor dem
Tod, er hatte nur Angst zu sterben, ohne mich wiederzu-
sehen. In seinen Briefen malte er sich aus, wie ich eines
Tags im Türrahmen stünde, mit einem weißen Kleid und
einer kleinen Reisetasche, mit einem Strauß Blumen in der
Hand und zu ihm sagte, Ich bin da, wie ich mich aufs Bett

setzte und zu ihm sagte, Ich bleibe. Ich habe kein weißes Kleid, ich trage nur Schwarz, und die Blumen, die ich ihm hätte mitbringen sollen, warf ich auf seinen Sarg. Ach, Sirius, warum tut mein Kopf so weh, wenn ich dir das erzähle, warum öffnen sich meine Hände und greifen ins Leere, warum antwortet mein Vater nicht, warum hat meine Stimme ihr Echo verloren? Was hast du getan nach dem Tod deines Vaters? Beruhigungsmittel geschluckt und vergessen? Ob ich meinen Verrat je vergessen werde? Gestern war ich in einer Kirche, habe eine Kerze angezündet und saß eine Stunde lang auf einer Bank. Ich flehte um Gnade, doch es gibt keine Gnade, Sirius. Es gibt nur Gewissensbisse. Mein Gewissen frißt mich auf. Ich lebe davon. Ich habe stets das Bild meines Vaters vor Augen, wie er in seinem Spitalbett liegt. Seine Lippen sind trokken. Ich hätte seinen Kopf anheben können und ihm etwas Wasser einflößen oder meine Finger mit Wasser benetzen und seine Lippen damit befeuchten. Seine Hose ist schmutzig, er hat hineingemacht. Ich hätte seine Kleider wechseln können, ich hätte ein Handtuch naß machen, ihm zwischen die Beine fahren und ihn dort säubern können, ich hätte seine schmutzige Hose mit der Hand waschen können, wie er es früher immer machte, wenn ich krank war und mich in meinem vollgekoteten Pyjama vor Schmerzen wand und er mich auszog, wusch und mir etwas Frisches anzog. Gestern in der Kirche mußte ich an die Sonntage mit meinem Vater denken. Ich hatte ein rosa Kleid an und band mir eine rosa Schleife ins Haar, wenn ich mit ihm ausging. Erst in die Kirche, dann auf den Markt. Er kaufte mir Süßigkeiten und erzählte von seinen Sonntagsausflügen, als er noch jung war und aus seinem Dorf in die Stadt ausbüxte. An einem See, wo Liebes׳ paare sich ein Stelldichein gaben, traf er sich mit einem Freund. Dort brachte er den ganzen Tag zu, Eis essend, ins Spiel der Sonnenstrahlen auf dem Wasser vertieft und den Dichtern nachsinnend, die er abends im Schein einer Petroleumlampe las. Wenn wir auf dem Markt waren, versteckte ich mich immer hinter ihm, aus Furcht vor den Krüppeln und Aussätzigen, die, wie er sagte, Kinder klauten, um ihnen ein Auge auszustechen oder sie zu ver׳ stümmeln und zum Betteln zu zwingen. Einmal ging ich im Gewühl verloren, ein Einäugiger kam auf mich zu, packte mich am Arm und sagte, er bringe mich jetzt zu meinem Vater. Ich folgte ihm wortlos und wäre wohl ent׳ führt worden, wäre nicht in dem Augenblick mein Vater aufgetaucht und hätte mich an der Hand genommen. Seit׳ dem war der Markt für mich ein phantastischer Urwald, wo Menschenfresser hausten, die nur darauf lauerten, ein Kind vom rechten Weg abzubringen und in ein Haus zu locken, wo die anderen entführten Kinder schon das Feuer schürten unter dem brodelnden Topf, der es ver׳ schlucken würde. Ich möchte mich wieder so fürchten können wie als Kind, Sirius. Ich möchte die Zeit zurück׳ drehen, noch einmal das kleine Mädchen im rosa Kleid sein, das sich zwischen Regale mit Massen von mannig׳ fältigsten Waren zwängte und seinen Vater für einen Rie׳

sen hielt mit langen Armen, baumhohen Beinen, breiter Brust und den Augen eines Luchses, der es vor Menschen-fressern und Wölfen beschützte. Ich möchte in seinem Schatten hinter ihm hermarschieren, mit dem Fruchtge-schmack der Süßigkeiten auf der Zunge. Ich möchte die Augen schließen, meine Lider vom Sonnenlicht strei-cheln lassen und die Gerüche des Marktes wittern, das Muskataroma mancher Früchte, den Duft von Blumen und gegrilltem Fleisch. Ich möchte ein kleines Mädchen sein, das am Hals des Vaters hängt und ihn auf die Au-gen küßt. Ich möchte wieder zu dem leidenden kleinen Wesen werden, für das die Krankheit ein Spiel ist, die Welt ein Rätsel und der Tod nicht existiert. Die Kindheit ist die verzauberte Zeit unseres Lebens, der magische Kreis, aus dem wir nie heraustreten sollten, der Bauch des Wals, in dem wir uns besser verkriechen. Aber wir wer-den erwachsen, der Tod kommt, und wir blicken auf eine Wüste. Seit dem Tod meines Vaters bewege ich mich durch eine windige nächtliche Wüste. Mir ist kalt, ich bin durstig. Der Tote taucht auf und verschwindet wie eine Fata Morgana. Der irre Onkel tanzt im Sand. Er und der Tote spielen mit mir. Sie sind mit Ketten aneinander-gefesselt. Sie wiegen sich auf die eine, dann auf die an-dere Seite. Sie rufen mich mit ihrem Kettenklirren. Ich laufe hin. Sie weichen zurück. Ich falle. Niemand hilft mir auf. Mein Vater ist nicht mehr da, um mir aufzuhel-fen wie damals, als ich mir beim Hinfallen die Knie auf-schürfte und beim Aufstehen sagte, Tut gar nicht weh. Es tut mir weh, Sirius, zu wissen, daß ich nicht die Hand ausstreckte, um meinem Vater aufzuhelfen, als er fiel. Was hast du getan, Sirius, wenn du deinen Vater im Krankenhaus besucht hast? Zeitungen, Bücher mitgebracht? Lange an seinem Bett verweilt? Dem Sterbenden versichert, er sei in der besten Verfassung? Hast du geweint, als du weggingst? Erinnerst du dich an seine letzten Worte? Als ich erfahren hatte, daß mein Vater tot war, lief ich den ganzen Tag in meinem Zimmer im Kreis. Ich dachte an den Vers: *Dem Tod soll kein Reich mehr bleiben.* Der Tote hatte die Grenze überschritten und kam zu mir, Sprich, sagte er, Gib mir etwas. Ich schwieg. Ich weinte nicht einmal. Mein Vater war da, aber er war auf dem Weg zum Ende der Welt, ins Reich des Todes. Ich legte ein Foto meines Vaters auf mein Bett und kniete daneben nieder. Ich tat, als wäre er noch am Leben, als könnte ich ihn retten, indem ich hier vor ihm kniete. So brachte ich die Nacht zu. Im Morgengrauen rannte ich quer durch die Stadt. Ich rannte wie eine Verrückte, die von Gespenstern gehetzt wird. Ich wollte zu dir, Sirius, vor deiner Tür blieb ich stehen, außer Atem und vor Kälte schlotternd in meinen viel zu dünnen Kleidern. Ich brach auf deiner Fußmatte zusammen und flüsterte Stirb nicht! Stirb nicht! Das warst nicht du hinter der Tür, das war mein Vater, der nur noch ein paar Minuten zu leben hatte und den ich mit aller Kraft zurückhielt. Stirb nicht! Mein Schrei galt der ganzen Welt. Ich war bereit, mein Leben zu opfern, damit nie wieder jemand sterben müßte. Ich sagte

Stirb nicht!, wie ich als Kind immer Geh nicht! sagte, wenn mein Vater zur Arbeit mußte und ich ihn an seiner Jacke festhielt. Er hat mich verlassen, er glaubte meinen Versprechungen nicht, die ihn am Leben halten sollten. Warum hatten meine Worte ihre Kraft eingebüßt? Warum hatte mein Vater kein Vertrauen mehr zu mir? Warum hatte er den Faden losgelassen, der uns verband? Der Faden war gerissen. Doch zu dem Zeitpunkt, da ich vor deiner Tür auf der Fußmatte hockte, war mir der Tod meines Vaters noch nicht bewußt. Mein Vater hatte mich nur gewarnt. Ich brauchte bloß meine Gedanken auf ihn zu konzentrieren und unermüdlich Stirb nicht! zu flüstern, dann würde er Schritt für Schritt ins Leben zurückkehren. Ich sah ihn sich in seinem Spitalbett aufrichten und lächeln. Schluchzend und zerzaust faltete ich vor deiner Tür die Hände. Er hörte mein Gebet. Leichten Schritts verließ er das Krankenhaus, ging nach Hause, setzte sich ans Fenster und schrieb mir, er warte auf mich. Die Blumen im Hof blühten auf. Die Bäume reckten ihre dünnen Äste. Die Sonne erhob sich, dem Tod war kein Reich mehr geblieben. Mein verrückter Onkel kam singend herein, er trug sein Herrschergewand und segnete meinen Vater. Sie ließen sich einander gegenüber nieder und sprachen über mich. Alles war wie früher, in meiner Kindheit. Du hast nie erfahren, daß ich an jenem Morgen vor deiner Tür gekauert habe, Sirius, tobend und weinend in meinem Wahn. Vergib mir meine Verwirrung. Mein Vater war überall, in jedem Mann, den ich liebte

38

und dem Reich des Todes vorenthalten wollte. Doch ich hatte versagt. Ich verließ dein Haus und irrte herum. Ich fand die Vorstellung unerträglich, daß jeder, der mir über den Weg lief, dem Tod geweiht war. Ich betrachtete die Menschen in den Straßen. Wie würde es sie treffen, den lebhaften Mann dort mit der Aktentasche zum Beispiel? Ob der Clochard, der bettelnd in einem Portal stand, auch ganz allein würde abtreten müssen? Und das Mäd-chen mit den Zöpfen und der wippenden Schultasche auf dem Rücken, würde es morgen im fröhlichen Lärm auf dem Schulhof tot umfallen? Und du, Sirius, was wür-dest du sagen, wenn du mich verlassen müßtest, würdest du deine zärtliche Freundin an dein Sterbebett rufen? Ent-setzen überkam mich. Ich sah nur noch Gerippe in den Straßen, der Tod hatte seine Herrschaft angetreten. Der Himmel war düster, es begann zu schneien. Wir hatten Januar. Die Kirchenglocken läuteten. Es gab ein Begräb-nis, schwarzgekleidete Frauen umflatterten den Leichen-wagen wie Schmetterlinge, die Nektar aus einer Toten-blume sogen. Nein! Nein! schrie ich und hatte doch längst Ja gesagt zum Tod meines Vaters, weil ich nicht zu ihm zurückgekommen war. Schmerz, Sirius, ist trügerisch. Wir glauben um das zu weinen, was wir verloren haben, und weinen doch nur um uns selbst. Die Toten sind nicht allein, wir sind allein, vertrieben aus einem Paradies, das wir erst viel später als solches erkennen. Das Eden der Worte, das mein Vater mir schenkte, ist mir nun ver-schlossen. Die mit seinen Sätzen gepflasterten Wege ha-

ben sich in Morast verwandelt, in dem ich versinke, er⁄
trinke. Letzte Nacht habe ich geträumt, daß die Briefe
meines Vaters davonflogen wie eine Wolke weißer Vögel,
sie kreisten, kreischten schrill, schrieben Zeichen in den
Himmel und stürzten dann in ein schwarzes Wasser. Ich
wollte sie retten. Auf einmal war Morgue neben mir. Er
packte die Vögel, die ich herausgeholt hatte, brach ihnen
die Flügel, und die Federn, die er ihnen ausriß, sanken um
mich nieder. Blutiger Regen fiel auf die Erde. Morgue
lachte schallend, schüttelte mich an der Schulter und sagte:
Dein Schmerz gehört mir. Als ich erwachte, mußte ich an
die Abende denken, die ich auf Morgue gewartet hatte,
während er sich mit seinen Getreuen betrank. Erinnerst
du dich, Sirius, wie böse ich wurde, wenn das Telefon ge⁄
klingelt hat und nicht er dran war, sondern du? Erinnerst
du dich an meine Tränen auf der Place Saint⁄Sulpice, als
Morgue mich stundenlang hatte warten lassen, nur um
mir schließlich mitzuteilen, daß er mit seiner Familie essen
müsse? Da bin ich von zu Hause weggelaufen, ohne zu
wissen wohin, traf dich auf dem Platz und brach in
Schluchzen aus, du hast mir die Wange gestreichelt. Dei⁄
nen Zorn auf Morgue hast du verborgen. Da hatte ich dir
noch nicht erzählt, wie ich an manchen Abenden, un⁄
ruhig und nervös, des Wartens am Telefon so überdrüs⁄
sig, daß ich jede Stimme außer seiner haßte, zu seiner
Garçonniere ging und auf ihn wartete, vor seiner Tür,
wirre Sätze murmelnd wie an jenem Morgen bei dir. Er
kam meist sehr spät, betrunken und müde, und ich war

glücklich, an seiner Seite schlafen zu dürfen. Manchmal kam er gar nicht. Dann ging ich nach Hause. Ein Brief meines Vaters erwartete mich. Zerstreut las ich ihn. Damals waren das bloß ein paar Sätze von einem einsamen alten Mann. Erst der Tod verlieh ihnen etwas Zittriges, Mildes, einen Nachdruck, den sie im Leben nicht hatten. Von seinem Bett im Spital aus versuchte mein Vater mir ein letztes Mal zu schreiben. Der Brief kam nie an. Er hatte um Papier gebeten, ein paar Worte hingeschrieben und den Stift fallen lassen. Was wollte er mir sagen? Diesen nie empfangenen Brief beantworte ich nun, indem ich mit dir spreche. Ob er es hört? Ob meine Selbstvorwürfe ihn erreichen? Ihn besänftigen? Nein, ich spüre seine Erregung, ich fühle seine Forderung, meine Geheimnisse zu beichten, in meinen Wunden zu wühlen, mir das Messer ins Herz zu bohren, mein Innerstes nach außen zu kehren. Ich sehe ihn mit auf die Brust gesunkenem Kopf auf seinem Grab an einem Wasserlauf sitzen. Ich sehe ihn hier, an deiner Statt. Ich sehe ihn durch die Wohnung schleichen. Er ist nackt und hofft, daß meine Pein ihn bekleidet. Er ist verwundet und hofft, daß meine Worte ihn verbinden. Er streicht herum wie ein Raubtier im Käfig. Auch mein verrückter Onkel sucht mich heim. Rennt mit dem Kopf gegen die Wand. Schüttelt Rasseln. Entwendet Essen und verteilt es auf dem Boden. Rüttelt an meinem Bett. Ich kann nicht mehr schlafen, Sirius. Lege ich mich hin, streckt mein Vater sich neben mir aus. Der Onkel schlägt einen höllischen Radau. Nicke ich kurz ein, träume ich, wie sie auf mich zukommen, der eine im Habit des Herrschers im Himmelspalast, der andere in seinem Mantel aus Wörtern. Das Zimmer ist erfüllt von Beschwörungen und Gemurmel. Der Tote hat mich behext. Er ruft mich ans andere Ufer. Gedanken an Selbstmord fallen mich an. Ich nehme ein Rasiermesser zur Hand. Ich will mein Blut ins Badewasser fließen lassen. Mein Vater hindert mich daran. Ich soll weiterleben. Das ist meine Strafe. Zu leben und an ihn zu denken. Seit dem Tod meines Vaters lese ich in den Zeitungen nur noch den Teil mit den Todesanzeigen. Gedruckte Grabsteine. Schmerz verborgen hinter Zitaten oder den Lieblingsversen des Toten. Und die Worte, die wir den Verblichenen hinterherwerfen wie Almosen: Wir werden dich nie vergessen, Nach langer, schwerer Krankheit von uns gegangen. Aber sind sie denn fort? Nein, sie lassen uns nicht los. Sie haben Krallen und schlagen sie in unsere Haut. Sie haben Zähne, mit denen sie uns zerfleischen. Sie haben Wörter und flößen sie uns ein. Sie haben Messer, mit denen sie uns verfolgen… Bist du hungrig, Sirius? Ich werde dir etwas kochen. Ich habe Lammkoteletts gekauft und grüne Bohnen, wie du es magst. Mein Vater kochte sehr gern. Auf dem Markt wählte er jede Zutat sorgfältig aus. Er kochte die Speisen des Nordens, die ihn an seine Jugend erinnerten. Da gab es einen Fisch, dem wurde die Haut abgezogen, in einem Mörser gestampft und fritiert. Möchtest du ein Glas Wein? Ich brauche jetzt einen Schwips. Mein Vater hat viel getrunken. Ich weiß, daß er seit unserer Trennung nachts allein trank. Er schlief schlecht. Der Alkohol ließ ihn seine Einsamkeit und meine verlogenen Versprechungen vergessen. Seit seiner Flucht aus dem Norden nach der Teilung des Landes hat er sich das Trin- ken angewöhnt. Mit einem Boot gelangte er in den Süden und zog zu Fuß weiter durch die Dörfer. Lange irrte er so umher. Er nahm alle möglichen Arbeiten an, bevor er in die große Stadt kam. Als er meine Mutter kennenlernte, war er fast dreißig. Da die Familie meiner Mutter gegen ihre Beziehung war, trafen sie sich heimlich, verabredeten sich auf dem Markt oder gingen nachmittags ins Kino. Schließlich haben sie geheiratet. Mein Vater war glück- lich, meine Mutter wurde von einer Schwermut befallen, aus der sie nur auftauchte, um meinen Vater ins Gebet zu nehmen. Sie begann ihrer Familie recht zu geben und be- reute ihre Ehe. Sie blieb tagelang im Bett und stand nicht einmal zum Essen auf. Mein Vater griff wieder zur Fla- sche. Sie haßte es, wenn er trank. Das Haus hallte wider von Streit und Geschrei. Meist schwieg mein Vater. Ein- mal warf meine Mutter ihm einen Schuh an den Kopf. Er fiel zu Boden, Blut im Gesicht. Ein Nagel am Absatz hatte ihm die Wange aufgerissen, unter dem rechten Auge. Ich kümmerte mich um ihn, während meine Mutter in ihrem Zimmer vor sich hin jammerte. Ich versorgte ihn auch mit Alkohol. Ich sehe mich mit meinem Fahrrad durch die Stadt fahren, einen Korb auf dem Gepäck- träger. Ich hole die Flaschen und bringe sie ihm, glück- lich, ihm eine Freude zu bereiten, ihm zu einem Rausch zu verhelfen, der die Bitternisse des Ehelebens mildert. Das Eheleben, noch so ein unpassender Ausdruck. Für meinen Vater war es der Ehetod. Der Tod, den er täglich durch meine Mutter erlitt. Die kleinen Schnitte am Körper. Die Kratzer im Gesicht. Noch heute höre ich morgens beim Aufwachen meine Mutter keifen, rieche ich die Fahne meines Vaters, der mit blutigem Gesicht in meinem Zimmer steht. Und mich bittet, ihn zu verarzten. Ich tauche ein Handtuch ins Wasser. Ich wische das Blut weg und weine. Der Nagel drang bis zum Jochbein ins Fleisch und hinterließ eine Narbe. Da steht er, an meinem Bett, mit dieser Kerbe auf der Wange. Ich knie nieder. Ich bitte um Vergebung. Für meine Mutter und mich. Er dreht sich um. Es ist zu spät. Meine Mutter hat ihn verletzt, ich habe ihn getötet. Der Geist hebt die Hand und wischt sich eine Träne ab. Ich umarme ihn. Er befreit sich. Er erhofft nichts mehr von mir. Frühmorgens hat mein Vater auch Opium geraucht. Davon wurde ihm schwindlig, er fiel in der Küche um. Wenn meine Mutter den Aufprall hörte, stieß sie schrille Schreie aus. Ich sprang aus dem Bett, um meinem Vater zu Hilfe zu eilen. Ich hob ihn auf und setzte ihn auf einen Stuhl. Ich blieb bei ihm, bereit, ihn gegen meine Mutter zu verteidigen. Ich sehe ihn vor mir, während ich mit dir spreche, Sirius. Er wankt, er taumelt, seine Hände versuchen am Tisch, an den Wänden Halt zu finden. Sein ganzes Leben ist Scheitern und Leiden. In Alkohol und Opium sucht er Vergessen. Findet er es, quält ihn ein anderer Schmerz. Sein Geist hat keine

44

Worte mehr, um seine Verzweiflung zu beschreiben. Er bleibt stehen, er sieht mich an, er hat alles verloren. Ich kam nie wieder in mein Vaterhaus zurück, um ihn wiederzusehen. Wer hat ihn mit Schnaps versorgt? Wer hat ihm aufgeholfen, wenn er morgens stürzte? Am Abend, bevor mein Vater starb, habe ich mich betrunken. Ein paar Gläser Whisky gekippt, um endlich den Entschluß zu fassen, mich von Morgue zu trennen. Dabei dachte ich an meinen Vater, wie er sich abends allein betrank und mir Briefe schrieb, in denen er versprach, die Finger vom Alkohol zu lassen. Ich dachte an die Gelage von Morgue, in dessen Leben Weinproben und rauschende Feste den Takt angaben. Der Whisky hinterließ einen bitteren Nachgeschmack. Als ich an die vielen Abende dachte, die ich damit verbrachte, auf ein liebes Wort von Morgue zu warten, wurde mir schlecht. Mir war sterbenselend. Elend vor Einsamkeit, elend von Morgue. Den letzten Brief von ihm, der nur ein paar flüchtige Sätze enthielt, hatte ich zerrissen. Die Liebe war gestorben, der Tod geisterte umher, und ich hatte nichts bemerkt. Schau mich an, Sirius, ich sehe doch völlig zerzaust aus, wie ein verletzter Vogel, der seine Flügel hinter sich herschleift. Ich trage einen Toten auf meinen Schultern. Manchmal verspottet er mich, manchmal raunt er mir zärtliche Sätze ins Ohr. Er ist überall, in den wieder und wieder gelesenen Briefen, in deinem unverwandten Blick, in dem Glas Wein, das ich trinke, und in den Worten, die ich sage. Sein Leib ruht auf meinem Linnen, die Wände schwitzen sein Blut aus, meine Ohren klingen von seinen Seufzern wider. Er macht mich darauf aufmerksam, daß ich ein Luxusleben führte, während er am Hungertuch nagte. Seit unserer Trennung hatte mein Vater keine Arbeit mehr, erst malte er Ladenschilder, dann verkaufte er Kleider auf dem Markt. Mein Vaterhaus verfiel, das Dach war undicht, die Fenster hingen schief, die Möbel waren verkauft. In sei-nen Briefen verlangte er Geld von mir. Ich schickte ihm welches. Er wollte mehr. Ich ärgerte mich darüber. Und zögerte. Als Kind hatte ich Geldstreitigkeiten oft genug miterlebt. Mein Vater verdiente nie genug. Meine Mutter hielt ihm das vor. Auf ihrem Bett sitzend betete sie ihre Litanei herunter: Ich habe einen Tunichtgut geheiratet. Mein Vater floh. Vom Geld ging ein Verwesungsgestank aus, der das Haus verpestete. Mein Vater gab alles, was er irgendwie auftreiben konnte, meiner Mutter, die es für Nichtigkeiten hinauswarf, und behielt nur einen winzigen Teil für seine Räusche. Ich erinnere mich, wie ich mit mei-nem Fahrrad durch die Stadt fuhr, um alte Zeitschriften zu verkaufen. Von dem Geld, das ich damit verdiente, kaufte ich Schnaps für meinen Vater. Das alles hatte ich vergessen. Als er in seinen Briefen Geld von mir wollte, regte mich sein Materialismus auf. Ich lebte in der Welt der Bücher, die ich nur verließ, um Morgue zu sehen, der für ein Besäufnis so viel ausgab, wie mein Vater ein Jahr lang zum Leben brauchte. Gestern war ich in einem ob-skuren Laden, um falsche Geldscheine zu kaufen, wie man sie in meinem Land auf den Gräbern der Toten verbrennt. Ich habe sie in meinem Kamin zu Asche werden lassen, eine Kerze angezündet und für die Seele meines Vaters gebetet. Du mußt mich für verrückt halten, Sirius. Ich habe meinem Vater die Hilfe verweigert, und jetzt verbrenne ich Spielgeld, auf daß er im Jenseits wie ein Pascha lebe. Das Gespenst grinst. Was für unsinnige Dinge wir doch tun, um die Vergebung der Toten zu erlangen. Ich holte auch die Briefe heraus und küßte jeden einzelnen, als könnte ich dem Toten so ein wenig Wärme schicken. Mein Vater erschien, er kam herein und setzte sich zu mir. Es war still im Zimmer. Ich dachte an die langen Abende, wenn er unter den Bäumen saß und malte, und an die Nächte, wenn ich das Bett, in dem wir schliefen, er und ich, mit einem Moskitonetz verhängte. Und meine Mutter lief herum und klagte, daß sie einen Tunichtgut geheiratet habe, der zu nichts anderem tauge als zum Träumen und Zeichnen. Da wünschte ich mir, sie wäre tot, damit wir allein sein könnten in dem Haus, mein Vater und ich, dann würde ich an seinem Halse hängen, während er mir Geschichten erzählte über Prinzessinnen, die von Drachen gefangengehalten wurden. Doch ich ging mit meiner Mutter ins Exil, mein Vater blieb allein im Haus zurück, und niemand war da, der Schnaps für ihn kaufte, der ihm aufhalf, wenn er hinfiel, der das Bett mit einem Moskitonetz verhängte, wenn es dunkel wurde. Am Abend vor der großen Frankreichreise, als meine Mutter und ich mit den Vorbereitungen beschäftigt waren, lag er im Bett, Gesicht zur Wand. Ich ging zu ihm, hob das Moskitonetz hoch und legte ihm die Hand auf die Schulter, er hat nicht reagiert. Am nächsten Tag sah ich ihn aus dem Fenster des Taxis, das mich fortbrachte, auf seinem Fahrrad, verstört. Er versuchte, dem Taxi durch die verstopften Straßen zu folgen. An einer Kreuzung sah ich ihn noch einmal wieder, er winkte mir. Dann verlor ich seine Gestalt für immer aus den Augen. Ach, Sirius, was für ein Schmerz muß das für ihn gewesen sein! Das letzte Bild, das ich von meinem Vater habe, ist das eines Mannes im blauen Hemd, der sich verzweifelt bemüht, mit seinem Fahrrad ein Taxi einzuholen, der strampelt und strampelt, um – was? – zurückzuhalten. Sein ganzes Leben war fort. Er fuhr zurück, ins leere Haus, und trank sich einen Rausch an. In den folgenden Tagen begann er zu schreiben, obwohl er nicht wußte, wohin er die Briefe schicken sollte. Ich habe sie später bekommen, er beschrieb seine Trauer, seine Verzweiflung. Im Haus lagen noch Kleider herum, die mir gehörten, und Fotos von mir, die er gemacht hatte. Er packte die Kleider in eine Tasche und klebte die Fotos in ein Album, in dem er noch oft blättern sollte. Er hörte auf zu malen, zerbrach die Pinsel, zerriß seine Bilder. Auf dem Markt kaufte er Bonbons, die ich gern mochte, legte sie auf den Tisch und betrachtete sie, während er sich betrank. Er konnte die zwei dürren Bäumchen nicht mehr sehen, fällte sie in einem Anfall von Wut und riß die von ihm gepflanzten Blumen aus. Er stellte die Möbel um und schlief nicht mehr in dem Bett, in dem er mit mir gelegen hatte. Morgens schwang er sich auf sein Fahrrad, fuhr den ganzen Tag durch die Stadt und kam erst spät zurück, um eine Flasche Schnaps zu leeren. So ging sein Leben hin, in bleierner Ödnis. Er war in Trauer. Er trug das blaue Hemd nicht mehr, er hatte niemanden, der seine Geschichten von Prinzessinnen, die von Drachen gefangengehalten wurden, hören wollte. Er schlug sich irgendwie durch, flickte Fahrradreifen, verkaufte Medikamente und T-Shirts auf dem Markt. Er wartete auf meine Briefe aus dem französischen Heim, in dem ich gestrandet war. Meine ersten Briefe waren von Kummer getränkt. Doch die Jahre vergingen, die Briefe wurden alltäglich, ich war nicht mehr das kleine Mädchen, dem der Verlust des Vaters das Herz brach. Er stimmte sich auf den Ton ein. Berichtete kurz die Neuigkeiten. Doch hinter jedem Wort lag etwas wie das Echo einer Qual, Spuren verschluckter Seufzer. Jeder Buchstabe seiner ausgeprägten Schrift sprach von seinem Gram. Vom L troffen Tränen, das O erstickte einen Schrei, das C strahlte eine morbide Mondhelle aus, das S hatte die Form meines Heimatlandes, das wacklige I war ein Abbild meines Vaters, eines Mannes, der versuchte, sich aufrecht zu halten, und dabei fast zusammenbrach. Ich habe sie alle aufgehoben, diese Briefe, die mir heute die Finger verbrennen. Jedes Wort springt mir ins Gesicht, schnürt mir den Hals ab. Der Tote spricht mit Donnerstimme. Hörst du ihn, Sirius, hörst du diese Stimme, die sich aus seinem Grab an einem Wasserlauf erhebt? Hörst du dieses Gemurmel, dieses Geschrei? Hörst du meinen

Vater an seinem Sargdeckel kratzen? Ich träume mich oft an die Gestade des Wasserlaufs und grabe meinen Vater aus. Ich hebe die Grabplatte hoch, scharre mit bloßen Händen die Erde fort, hebe den Leichnam aus dem Sarg und nehme ihn in meine Arme. Langsam kehrt er ins Leben zurück. Bewegt die Lippen, öffnet die Augen, sieht mich an und sagt, Da bist du ja endlich. In diesem Augenblick taucht Morgue auf, er hält ein blitzendes Schwert in der Hand, schiebt mich weg und schlägt meinem Vater den Kopf ab. Der Kopf rollt ins Wasser. Er seufzt, obwohl er vom Körper getrennt ist. Seine Augen starren mich an. Das Wasser wird rot. Ich knie am Wasserlauf nieder. Versuche den Kopf meines Vater herauszufischen. Doch Morgue zerrt mich am Arm auf ein schwarzes Pferd und entführt mich im Galopp in einen dichten Wald. Er bindet mich an einen Baum und peitscht mich mit der Reitgerte aus, zur Strafe, daß ich seine Briefe zerrissen habe. Du bist mein, schreit er, du bist mein. Du hast dich zu unterwerfen. Seine Frau kommt auch auf einem schwarzen Pferd geritten. Als sie die blutigen Striemen sieht, lacht sie gellend. Morgue wirft die Gerte weg, sie galoppieren davon und lassen mich im Wald zurück. Schweißgebadet wache ich auf ... Trink du den Wein aus, Sirius, mir steigt er zu Kopf. Ich mußte gerade dran denken, daß kein solcher Tropfen je die Lippen meines Vaters netzte, daß er so etwas nie mehr schmecken wird. Er soff Fusel aus Literflaschen, die jedesmal neu aufgefüllt wurden. Wenn mein verrückter Onkel zu Besuch war, tranken sie gemeinsam. Mein Onkel erzählte Geschichten ohne Anfang und Ende, von Dämonen, die von den Wächtern des Himmelspalasts zerschmettert wurden, sang Lieder, die er nach Lust und Laune variierte. Mein Vater gab ihm zu essen, er spuckte alles aus und behauptete, mein Vater habe Gift hineingemischt. Er stürzte vor die Haustür, brüllte die ganze Nachbarschaft zusammen, rannte die Straße hinunter und schrie, man wolle ihn ermorden. Ein anderes Mal spielte er den Erhängten, er befestigte ein Seil an einem der dürren Bäumchen, legte es sich um den Hals und blieb mit heraushängender Zunge da stehen, bis mein Vater kam, um ihn zu befreien. Was er jetzt wohl macht inmitten seiner Bücher? Ob er sich an meinen Vater erinnert? Ob er tot ist? Ich warte immer noch auf seinen Brief. Vielleicht hätte er mir dabei helfen können, die Gedächtnisfäden zusammenzuknüpfen. Mich zu erinnern an die langen Abende, an denen mein Vater und ich am Tisch saßen, im Schein der Lampe, und uns ansahen, ohne zu sprechen. In seinen Augen war eine große Heiterkeit. Ich verschränkte die Arme und genoß diese friedvollen Momente. Nachtfalter umflatterten die Lampe. Ein Gecko schnalzte mit der Zunge. Aus dem Haus gegenüber wehten ein paar Töne herüber. Plötzlich wurde die Sonate von einem erstickten Ausruf unterbrochen. Im Haus gegenüber wohnte eine verrückte Pianistin. Sie wurde daran gehindert, sich dem Klavier zu nähern, doch nachts gelang es ihr manchmal, die Wachsamkeit ihrer Wärter zu täuschen und ein paar Tasten an-

zuschlagen. Sonst sah man sie mit starrem Blick am Fenster stehen oder mit einem breitkrempigen Hut und einem
halben Fächer durch die Straßen irren, in Selbstgespräche
vertieft, und wenn man sie ansprach, lief sie davon. Lie-
beskummer habe ihr das Herz gebrochen, hieß es, und daß
sie immer wieder die Sonate spielen wolle, die den Bruch
begleitet habe. Ihre Eltern sperrten sie in das Zimmer zur
Straße. Von Zeit zu Zeit entkam sie, setzte ihren Hut auf
und machte sich auf die Suche nach dem verlorenen Geliebten, von dem sie den halben Fächer hatte, die andere
Hälfte hatte er behalten mit dem Versprechen wiederzu-
kommen. Doch er hatte sie verlassen, und wenn Vollmond
war, stand sie am Fenster und wartete, das Gesicht hinter
dem halben Fächer verborgen. Mein Vater erzählte mir
Geschichten von verratenen Frauen, die die Abende zähl-
ten, an denen sie Wolle spannen und von ihrer Verzweiflung sangen und darüber weiße Haare bekamen. Da
wußte ich noch nicht, daß auch ich viele schlaflose Nächte
damit verbringen würde, auf das Kommen eines Mannes
zu warten, seine Gemeinheiten bis zum Erbrechen wie-
derzukäuen und meinen heimlichen Bund zu verfluchen.
In Morgues Inszenierung hatte ich nicht einmal eine
Nebenrolle, ich war bloß die Souffleuse, die einem bla-
sierten Komödianten, der seinen Zynismus spielen ließ
wie ein reiferer Herr seinen Charme, Worte der Leidenschaft und der Hoffnung einflüstern sollte. Morgue kam,
nahm mich und ging. Den Rest der Nacht lag ich zusam-
mengekrümmt in meinem Bett. Ich haßte meinen Körper.

Mir war, als ob er anschwoll, als ob ich einen Makel in mir trug und die Verwesung schon begonnen hatte. Ich stand auf und duschte, duschte noch einmal, rieb meinen Bauch, mein Geschlecht, doch Morgues Marke war in jede Zelle meiner Haut geprägt. Alles tat mir weh. Ich fühlte mich wie eine leblose Marionette, von Dolchstößen durchbohrt und liegengelassen, nachdem er mit ihr gespielt hatte. Ich wollte mir die Lippen aufschlitzen, damit er seinen Mund, der nur Lügen von sich gab, nicht mehr daraufpressen könnte, ich wollte mein Geschlecht verstümmeln, damit er nicht mehr eindringen könnte, damit er die Herrschaft verlöre über das Territorium, das er mit seinen verlebten Zügen erobert hatte. Mein Körper hatte seinen Geruch verloren. Er spürte die Einsamkeit. Mein Verstand geriet ins Wanken. Ich fing an Stimmen zu hören, die mir Befehle erteilten, sah Würmer über meinen Körper kriechen und mondblinde Gespenster in meinem Zimmer tanzen. Ich malte mir aus, Morgue zu ermorden, ihm eine Kugel in den Kopf zu jagen und anschließend die Waffe auf mich selbst zu richten. Damals habe ich dich mitten in der Nacht angerufen, Sirius, geschwiegen oder abgerissene Sätze ausgestoßen, umtost von der Gischt verschluckter Qual. Ich dachte an die Klavierspielerin aus meiner Kindheit, die nur noch die Sonate ihrer verlorenen Liebe spielte. Würde das Leid auch meinen Geist verfinstern? Ich rollte mich in die Decken, Morgues Worte bohrten sich wie vergiftete Pfeile in meinen Körper. Familie sei das einzige, was für ihn zähle, sagte er, nie würde

er die Bequemlichkeiten seines bürgerlichen Lebens opfern, um darin Platz für mich zu schaffen. Ich war der
blinde Passagier, der ungebetene Gast, die unrechtmäßige
Geliebte. Ich unterwarf mich seinen Launen. Wenn ich
dich mitten in der Nacht anrief, Sirius, sagtest du, ich
müsse mich trennen, um jeden Preis. Du wolltest mich retten. Aber ich war schon verloren. Morgue hatte mich im
Würgegriff. Ich hatte mich in einem unsichtbaren Netz
verheddert. Ich dachte an den Tod, den Sprung ins Leere.
Mein Leib war schwer vor Trauer, er wollte sich selbst zerstören. Mein Vater wußte von alldem nichts. Er schrieb,
ich solle wiederkommen. Ach, hätte ich seinen Ruf doch
gehört und wäre ins Vaterhaus zurückgekehrt. Dort hätte
ich Frieden gefunden. Er hätte mich auf den Markt mit-
genommen, wir wären zwischen den Ständen herum-
spaziert, ich hätte Blumen, Stoffe, Naschwerk gekauft,
ich hätte vergessen. Oder wir wären nach Norden gefah-
ren, zum Grab der Ahnen, ich hätte Räucherstäbchen
zwischen die Pflanzen gesteckt, die das Grab begrünten,
er hätte von seinen Eltern erzählt, die eine Bombe zerriß,
von seiner Schwester, die zurückblieb, von seiner Nichte,
die wahnsinnig wurde, als ein Granatensplitter sie am
Kopf traf. Doch ich fuhr nirgendwohin, ich war in meinem Zimmer eingesperrt, von Morgue. Ich lief durch die
Wohnung, einen Kiesel, den Morgue mir geschenkt hatte,
in der Faust, sagte immer wieder wirre Sätze vor mich
hin, betrachtete mein vom Weinen verschwollenes Gesicht mit den verquollenen Augen im Spiegel. Ich war

vom Schmerz entstellt. Ich tauchte in den Irrsinn ein. Ich sah Rattenrotten über den Fußboden laufen, Vogelschwärme durchs Fenster ins Zimmer stürzen. Aus einer Eidechse an der Wand trat Morgue, kam auf mich zu und biß mich in den Hals. Seine Saufkumpane erschienen in fratzenhaften Masken, umstellten mein Bett, zogen mich aus und übergaben mich Morgue, der mich vor ihren Augen nahm. Die Ratten kletterten übers Bett, nagten an den Decken und waren wie ein Geheck um Morgue und mich. Die Vögel flatterten durchs Zimmer und pickten an den Büchern. Stimmen gellten. Ich hielt mir die Ohren zu und floh in einen Winkel der Wohnung. Ein Vogel setzte sich auf meine Schulter. Ich schloß die Augen. Die Visionen verschwanden. Es wurde wieder still im Zimmer. Ich war allein, nackt und schlotterte im Dunkel. Ich wickelte mich in einen Mantel. An den folgenden Tagen blieb ich zu Hause, ungewaschen, im Bett verkrochen, halb erstickt unter dem Mantel. Da war es auch, daß ich an meinen Onkel schrieb. Ich brauchte einen Spiegel. Ich dachte, ein Treffen mit meinem Onkel könnte mich vor der Dunkelheit bewahren, die mich umnachtete. Ich stellte ihn mir in seiner Zelle vor, er sprach mit den Wänden und schwadronierte wie früher darüber, daß sich die Welt bald verkehrt herum drehte. Ich würde mich in eine Ecke setzen. Er würde mich womöglich nicht erkennen und Madame zu mir sagen. Ich will hier raus, Madame. Seit zwanzig Jahren werde ich hier festgehalten. Ich bin geheilt. Mit meinem Kopf ist alles in Ordnung. Ich

habe sogar Geld auf dem Konto und ein Moped. Manchmal schnappe ich mein Moped und drehe damit eine
Runde durch die Stadt. Das ist doch kein Leben. Morgens füttere ich die Vögel. Ich lege Brot aufs Fensterbrett,
und immer kommt dasselbe Paar Vögel und pickt es weg.
Dann fege ich das Zimmer, mache mein Bett und gehe in
die Bibliothek. Dort sitze ich inmitten all der Bücher und
sage zu mir: Das ist doch kein Leben. Ich möchte mich
auf mein Moped schwingen und ganz weit weg fahren.
Auf dem Moped peitscht mir der Wind ins Gesicht, das
tut gut, es gibt mir ein Gefühl von Freiheit. Hier gibt's
nur den Staub von den Büchern zu schnuppern. Und
diese Irren um mich herum. Manche brüllen die ganze
Nacht. Manche singen den ganzen Tag. Ich bin still. Ich
höre Radio. Ich warte auf die Sintflut, die Invasion der
Außerirdischen. Dann schnappe ich mein Moped und
fliehe von hier. Ab und zu besucht mich meine Mutter. Sie
streichelt mir den Kopf und sagt: Mein armer Sohn!
Warum holt sie mich nicht hier raus, warum nimmt sie
mich nicht mit zu sich nach Hause? Ich bin der Herrscher
des Himmelspalasts, ich bin allmächtig, aber die Dämonen halten mich gefangen. Sie vergiften mich mit Drogen.
Früher haben sie mich ans Bett gefesselt. Jetzt kann ich
kommen und gehen, wann ich will. Ich habe sie nämlich
ausgetrickst, ich sage nicht mehr, daß ich der Herrscher
des Himmelspalasts bin. Ich bin ein Homunkulus, der
in die Hose macht, mit den Hühnern schlafen geht und
den Rest des Tages vertrödelt. Meine Kleider sind löchrig

und fadenscheinig. Sieht so ein Herrscher aus? Doch die Sintflut wird kommen, und ich werde wieder allmächtig sein... So stellte ich ihn mir vor, Reden haltend in einer Zelle mit kahlen Wänden. Vielleicht hätte er sich auch von mir abgewandt, mich angeschrien, Weiche, Dämon! wie früher, wenn ich mich näherte. Danach verfiel er in Raserei, zerschlug alles, was ihm in die Hand fiel, fing Geckos und verschluckte sie roh, entleerte sich auf den Fußboden und schmierte sich seine Exkremente ins Gesicht. Mein Vater mußte ihn in den Hof bringen und ihm eimerweise Wasser über den Kopf schütten. Dann hüpfte er wild schreiend herum und schnitt Grimassen. Schließlich beruhigte er sich, ging ins Haus, setzte sich ans Fenster und sang vor sich hin. Diesen Mann wollte ich wiedersehen, Sirius. Meine Seele hatte sich in einem weiten Labyrinth verlaufen. Ich hoffte, daß der verrückte Onkel mich zum Licht führte. Ich habe das Licht nicht gefunden. Ich irre durchs Dunkel. Zu diesem Schmerz kam ein zweiter. Mein Vater wählte diesen Moment, um zu gehen. Und ich habe ihn einsam sterben lassen. Morgens litt er an Bauchweh und Schwindel. Das waren seine letzten Stunden. Er ging ins Krankenhaus, bekam ein Bett am Fenster. Er erbrach sich, er spuckte Blut. Krankenschwestern umkreisten ihn, sie wußten, daß sein Ende nahte. Mitten in der Nacht fuhr er hoch, als hätte er eine vertraute Gestalt sein Zimmer betreten sehen, und ließ sich erschöpft ins Kissen fallen. Er wartete auf mich. Tränen rannen ihm über die Wangen. Seine Hand suchte meine.

Seine Augen sahen mich im Türrahmen stehen. Ich hätte zu ihm eilen müssen. Laufen, bis ich nicht mehr konnte, und vor seinem Spitalbett auf die Knie sinken. Er hätte mir die Hand auf den Kopf gelegt zum Zeichen der Vergebung. Glaubst du, Sirius, daß er mir all die Jahre verziehen hätte, die ich ihn im Stich ließ, ihn seiner tödlichen Einsamkeit überließ? Glaubst du, Sirius, daß mein Gewissen mich nicht verzehrte, das Gefühl des Verrats mich nicht zerstörte, wenn ich dagewesen wäre, in diesem Krankenzimmer, ihn in den Arm genommen hätte und mit ihm geweint? Jetzt ist es zu spät. Das Geschwür ist da. Das Gespenst frißt mich auf. Ich rufe nach meinem Vater, ich flehe ihn an, ins Leben zurückzukehren, nur für einen Augenblick, damit ich ihn berühren, mit ihm sprechen, ihm das letzte Wort von den Lippen lesen kann. Das letzte Wort seiner Liebe. Das letzte Wort seiner Trauer. Das letzte Wort, das ich wie einen Schatz gehütet hätte, das in mir steckengeblieben wäre wie eine Nadel im Fleisch. Das verlorene Wort fehlt in meinem Wortschatz, deswegen stolpern alle meine Sätze, deswegen wird mein Monolog toter Buchstabe bleiben. Ach, Sirius, warum war ich nicht dort? Ich hätte das Krankenzimmer betreten, meinen Vater bei der Hand genommen und ihn nach Haus geführt, nach meiner Erinnerung ein kleines Haus, mit blauen Läden vor den Fenstern und drei Zimmern zu einer staubigen Straße hin. Ich hätte meinen Vater zu Bett gebracht, es mit einem Moskitonetz verhängt, wie ich das früher immer tat, und nächtelang bei ihm gewacht. Wir

hätten nicht gesprochen. Ich hätte bewegungslos auf einem Stuhl am Bett verharrt, ich hätte gebetet, die Hand
meines Vaters gehalten und seinen Körper gewärmt. Allmählich wäre die Krankheit von ihm gewichen, und die
Sonne wäre aufgegangen über der Stadt. Doch ich blieb
hier, in der Kälte meines Zimmers, und versuchte, die
Liebe zu Morgue zu retten, der meinen Verstand zum
Wanken brachte. Ich hatte schreckliche Träume: Morgue
schnitt mich mit einem Messer, Morgue trieb Nägel in
meinen Schädel, Morgue legte mich in einen Sarg mit
einer verglasten Öffnung in Augenhöhe, so daß ich sehen
konnte, wie er seine Frau küßte und mit ihr um meinen
Sarg herumwirbelte. Ihre Schritte dröhnten in meinem
Kopf. Krepier, sagte Morgue zu mir und tanzte mit seiner
Frau. Ich erstickte in meinem Sarg. Die wahnsinnige Pianistin mit ihrem halben Fächer verfolgte mich. Trat auf
und trat ab im Rhythmus der Sonate. Sie war für mich
zur Verkörperung der Verratenen geworden, der Sitzen-
gelassenen, die auf der Suche nach ihrer entschwundenen Liebe Unsinn faselnd durch die Straßen irrt. Morgue
war zwar nicht entschwunden, doch ich bekam nur die
Brosamen seiner Liebe. Das war meine Nahrung, ich fraß
ihm aus der Hand. Demütig, nichts von ihm fordernd.
Meine Qualen blieben ihm verschlossen. Morgue warf
mir Krumen hin, ich pickte sie auf wie ein hungriger kleiner Vogel. Morgue beherrschte das Spiel, ich gehorchte.
Morgue hielt den brennenden Reifen, ich sprang, auch auf
die Gefahr hin, mich zu versengen. Ich war ein gelehriges

Tier, eine Sklavin der Liebe, die bloß um ein paar Worte
bettelte, um ihren Durst zu stillen. Ich glitt ins Dunkel ab.
Die Liebe war wie ein Säurebad. Die von Morgue geschlagenen Wunden blühten darin auf. Um zu vergessen,
ging ich ins Kino. Das erinnerte mich an die Sonntage,
wenn mein Vater mich ins Kino Moderne mitnahm. Die
Filme, die dort liefen, haben keine Spur in meinem Gedächtnis hinterlassen. Am Eingang standen zwei Bettler,
ein Aussätziger und eine Entstellte. Der Aussätzige saß
auf einem Brettchen mit Rollen und wedelte mit seinen
Stümpfen, um die Fliegen von seiner zerfressenen Nase zu
verjagen. Die Entstellte hatte ihre rechte Gesichtshälfte der
Sonne zugewandt, wo eine schwere blutrote Tasche wie
eine geschwollene Rinderzunge auf ihrer Wange prangte.
Um in den Saal zu gelangen, mußte man den Feuerkreis
durchschreiten, das Tor zur Hölle, bewacht von dem Aussätzigen und der Entstellten, die sich für ihr Unglück
rächten, indem sie Kinder entführten, die sie am Ausgang
der Stadt in dem schlammschwarzen Fluß ertränkten. Ins
Kino zu gehen hieß, in das verfaulte Gesicht des Aussätzigen und das verbrannte Antlitz der ehemaligen Schön-
heitskönigin zu blicken. Kronos und Medea verteidigten
den Eingang zur anderen Welt – wenn Kinder dort auf-
tauchten, wurden sie auf der Stelle gefressen. Aber es gab
ja meinen Vater, den Fährmann ins verbotene Königreich. Nach dem Kino gingen wir in den Zoo, um dem
Gesang der Vögel in den Volieren zu lauschen und zu
beobachten, wie der Tiger gähnte und Kinder Blasrohre

Liebe Leserin, lieber Leser,

wenn Ihnen dieses Buch gefallen hat und Sie mit dem Verlag in Kontakt bleiben möchten, dann schicken Sie uns bitte diese Karte zurück. Kreuzen Sie an, welche Gattungen Sie besonders interessieren. Wir werden Sie kostenlos mit unseren Informationen bedienen.

Herzlichen Dank.

☐ Zeitgenössische Erzähler aus aller Welt   ☐ Poesie aus aller Welt
☐ Klassiker-Editionen   ☐ Reihe ODEON
☐ Reihe MERIDIANE   ☐ Kunst
☐ Essay Literatur

☐ News per E-Mail   ☐ per Post

Ich habe die Karte diesem Buch entnommen: _____

Vorname und Name:

Straße:

PLZ: Ort:

E-Mail-Adresse:

Ammann Verlag & Co.

Neptunstraße 20

Postfach 2074

CH-8032 Zürich

Bemerkungen:

ammann

Ammann Verlag & Co.
Telefon: +41-44-268 10 40
Fax: +41-44-268 10 50
E-Mail: info@ammann.ch
www.ammann.ch

gegen die Flanken des Nashorns abschossen. Fliegende Fotografen boten ihre Dienste an. Wir schlenderten durch die Alleen, über schmale hölzerne Brücken, wir sahen Paare am Liebesfelsen sitzen und Küsse und Schwüre tau‑schen. Mein Vater schwieg, wir hielten uns an der Hand, ich schleckte Eis mit einem cremigen Nachgeschmack. Der Himmel war blau wie das Hemd meines Vaters, und meine Kinderseele pochte vor Freude. Ich schnitt den al‑ten Affen Grimassen, seufzte mit der heimwehkranken Giraffe und weinte, wenn das Krokodil aus seinem Zwin‑ger kroch. Wir gingen gemächlich nach Hause und kauf‑ten Märchenbücher auf dem Weg, mein Vater suchte sie mit großer Sorgfalt aus und gab dabei Geschichten von Prinzessinnen und Fischerinnen den Vorzug vor Aben‑teuergeschichten. Es waren friedvolle Sonntage, wie ich sie nie mehr erleben sollte. Mir scheint, ich höre noch die Vögel singen, die Kinder vor den Käfigen schreien und die sanfte Stimme meines Vaters, wenn er mir abends Ge‑schichten vorlas. Das alles habe ich verloren. Und unter den tausend Gesichtern meiner Kindheit ist es dieses, nach dem ich noch lange suchen werde: das heitere Ant‑litz der ruhigen Tage, wenn wir Seite an Seite gingen, ohne zu sprechen, mein Vater und ich. Ich fühlte die Wärme seiner Hand in meiner und sog den Geruch der Zigarette ein, deren Rauchkringel hinter uns herwehten. Der Abend sank auf die staubigen Straßen, Lichtstrah‑len sprenkelten unsere Kleider mit goldenen Pailletten, fliegende Händler riefen nach den Passanten, schließlich

kamen wir müde vom Lärm der Stadt nach Hause, setzten uns unter die dürren Bäumchen, tranken lauwarmen
Tee und spielten Würfel. Ich erinnere mich auch an die
Feiertage, an denen mein Vater die blauen Fensterläden
frisch anstrich, um das neue Jahr zu begrüßen. Ich hatte
meinen eigenen kleinen Pinsel und blaubekleckste Finger. Im Hof blühten gelbe Blumen, rote Umschläge hingen in den Zweigen. Am ersten Tag des Jahres trug ich
ein neues Kleid, eine prächtige Tunika, und ließ Knall-
frösche springen, die sich in einem knatternden Wirbel
langsam verzehrten. Es gab Reiskuchen, große Stücke
Wassermelone und Lotussamen. Und süßen Likör. Wir
besuchten entfernte Verwandte, die mir Umschläge mit
einem druckfrischen Geldschein drin schenkten. Mein
Vater rezitierte für mich Gedichte und erzählte, wie Gei-
sterprinzessinnen nachts die Gestalt verstörter junger
Frauen annähmen, um Männer zu verführen und auf ihr
Schloß zu entführen, die morgens auf einem Friedhof er-
wachten. Manchmal kam der verrückte Onkel zu Besuch.
Er zog sein Theatergewand an, sang Arien, verlangte zu
trinken, rupfte die gelben Blumen im Hof heraus, zerriß
die Umschläge in den Ästen und kündigte für dieses Jahr
das Ende der Welt an, die Wächter des Himmelspalasts
rüsteten schon zum Kampf gegen die Wächter der Hölle,
mein Vater solle sich auf etwas gefaßt machen. Dann begann er zu schluchzen – sein Kopf tue ihm weh, er könne
kein Weihwasser mehr pissen, und alles, was er äße, würde
in seinem Magen zu Maden. Eines Morgens stand er vor

dem Spiegel, brüllend vor Entsetzen, zog an seinen Haaren und schrie, Schlangen hätten sich auf seinem Kopf
ein Nest gebaut. Er schor sich den Schädel, hüllte sich in
safrangelbes Tuch, nahm eine Schale und bat bei den
Nachbarn um Essen wie ein Bettelmönch. Notgedrungen
folgte ihm mein Vater und zerrte ihn am Ärmel zurück
ins Haus, wo er sich Schweinereien psalmodierend auf
dem Boden wälzte. Mit dem Melonenmesser als Säbel
postierte er sich an der Haustür und drohte, jedem, der
sich blicken lasse, den Kopf abzuschneiden. So schlug der
Unglücksprophet sämtliche Besucher mit ihren in schar-
lachrotes Papier gewickelten Geschenken in die Flucht.
Meine Mutter schmähte er als Kurtisane. Um sie zu rei-
nigen, bespritzte er ihr Kleid mit Weihwasserpisse, die er
in einem Topf aufbewahrt hatte. Sie sei eine Hetäre im
Solde der Hölle und habe ihm den Schlüssel zum
Himmelspalast entwendet, den Schlüssel nämlich für das
kleine Schränkchen zu seinem privaten Gebrauch, in dem
er tote Insekten, alte Zeitschriften, rostige Messer, Obst-
schalen, die er zu Heilpflanzen erklärte, ekelhaft stinkende
Fetzen und Abfälle sammelte, die er auf Müllhalden fand.
Er verdarb uns das Fest, stellte das Haus auf den Kopf,
verjagte die Gäste und verstreute die Gaben, die auf dem
Altar der Ahnen standen, auf dem Boden. Meine ganze
Kindheit hindurch schwebte dieser groteske Schatten tan-
zend über dem Haus. Unversehens tauchte er auf, schrie,
daß die Welt bald unterginge, betete, daß uns alle der
Blitz treffen möge, vollführte geheimnisvolle Zeremonien,

indem er sich in Lumpen hüllte, im Schneidersitz auf dem Boden hockte, tote Insekten um sich verteilte, Obst‚ schalen kaute und Beschwörungsformeln ausstieß. Wenn ich ihm nahte, schrie er, Weiche, Dämon!, oder er flocht mir eine Krone aus Schalen und sagte, als Infantin des Himmelspalasts müßte ich ihm in allem gehorchen, dann könnten wir beide allein die Kräfte des Bösen besiegen. Mein Vater sei ein blutrünstiger schwarzer Teufel, meine Mutter ein bemaltes, unbändiges Äffchen, das die Ruhe seines Geistes untergrabe. Die Weibchen machten ihn kirre, sagte er immer wieder. Mir empfahl er, nie erwach‚ sen zu werden und mich von Erwachsenen fernzuhalten, die ernste Spiele spielten und nichts von den Riten der Kindheit verstünden. Dann sprach er mit einer Knaben‚ stimme, streichelte meine Haare, flüsterte mir Zauber‚ sprüche ins Ohr, wollte mir Lumpen anziehen und mit mir spazierengehen. Er bastelte aus Fetzen Puppen, Ab‚ bilder meiner Mutter, stach ihnen Nadeln in den Bauch, in die Augen und sang exorzistische Lieder dazu. Seine liebste Übung aber bestand darin, eine Wassermelone zum Platzen zu bringen, sich das rote Fruchtfleisch ins Gesicht zu klatschen, Nieder mit den Dämonen zu schreien und gegen unsichtbare Gegner zu boxen, wobei er herumsprang und Grimassen zog. Dann nahm mein Vater einen Gürtel, legte ihn um meinen Onkel und schnallte ihn auf einem Stuhl fest. Der Onkel bellte, miaute, fauchte, zwitscherte wie ein Vogel, als ob er mit den Tieren sprechen könnte, und befahl ihnen, uns zu zer‚

reißen. Meine Mutter bestürmte weinend meinen Vater, den zerlumpten Propheten, der sie mit Verwünschungen überhäufte und das Haus mit Dreck beschmierte, loszubinden. Mir erschien dieses Trio aus Vater, Mutter, Onkel wie Marionettentheater, bei dem der Wahn die Fäden zog. Der Onkel tobte, die Mutter verbarg den Kopf in den Händen, der Vater rannte herum, besänftigte den Verrückten oder würgte ihn. Und der Gott-Polizist lachte und verpaßte jedem einen Stockhieb. Manchmal kommt es mir vor, Sirius, als hätte ich meine ganze Kindheit eingesperrt im Zimmer einer Anstalt verbracht, wo meine Mutter aus ihrer Schwermut nur erwachte, um mit wirren Haaren und Kleidern auf dem Bett zu sitzen und zu lamentieren, der Onkel in einer Ecke hockte, zitternd vor Angst, daß haarige Biester der Hölle entfleuchten, um ihn zu verschlingen, und mein Vater langmütig wie ein Krankenwärter kühlen Kopf bewahrte zwischen dem Tobsüchtigen und der Neurasthenikerin. Wehklagen und Geschrei hallten durchs Haus. Die Mutter schluchzte, der Onkel fluchte. Und aus dieser Katzenmusik erhob sich melodisch und fest die Stimme meines Vaters. Er strahlte wie das Antlitz der Güte zwischen dem tränenverquollenen Gesicht meiner Mutter und den Fratzen des Onkels, der sich unter der Achsel kratzte und den Affen machte. Manchmal hatte mein Onkel lichte Momente. Dann erzählte er von der Anstalt, wo er ans Bett gefesselt und eiskalt abgeduscht wurde. Er flehte meinen Vater an, ihn nie mehr zurückzuschicken zu den Verrückten, deren Schreie man erstickte. Wenn er sich beruhigt hatte, setzte er sich ans Fenster, zeigte den Passanten eine melancholische Miene und klagte, sein Leben sei in der Anstalt zerbrochen, man habe ihn von der Karte der Menschheit radiert und aus dem Zauberkreis verbannt. Jetzt bleibe ihm nur noch, auf den Tod zu warten. Er rauchte eine Zigarette nach der anderen. Der Rauch gab ihm eine bläuliche Aura. Wie er so dasaß, mit hängenden Armen und übergeschlagenen Beinen, sah er fast wie ein alter Weiser aus, den das Leben nichts mehr anging. In solchen Momenten hatte ich Lust, mich auf seinen Schoß zu setzen, ihm den Kopf auf die Schulter zu legen und mit meinen Fingern die knittrige Haut an seinem Hals zu berühren. Sein Körper war voller Narben von Wunden, die er sich selbst geschlagen hatte, um seine Fähigkeit zu beweisen, dem Schmerz zu widerstehen. Eine Narbe zog sich an seinem Kinn entlang, in die linke Handfläche war ein Kreuz geritzt, die Arme zierten mit dem Rasiermesser geschnitzte Muster. Er glich einer Götzenfigur aus Holz, auf der die Zeit ihre Spuren hinterlassen hatte. Wenn ich ihn mir vorstelle, in einer Anstalt irgendwo in Frankreich, sehe ich immer die dunklen Augen, den Mund mit den sinnlichen Lippen und dieses in ewiger Jugend erstarrte Gesicht vor mir, das der Wahnsinn jenen schenkt, die sich in seiner Gewalt befinden. Da sitzt er, inmitten all der Bücher, und spricht mit keinem; manchmal, wenn ihn seine Mutter besucht, versucht er sich wie ein vernünftiger Mensch zu benehmen. Der Wahnsinn hat ihn kastriert. Er ist nur noch ein Automat. Mechanisch wiederholt er Sätze, die niemandem Angst einjagen. An meinen Vater erinnert er sich nicht mehr. Wenn er hie und da von meiner Mutter spricht, nennt er sie Heulsuse. Seine Welt sind die Vögel, die er vor seinem Fenster füttert, die Bücher, die er an die Anstaltsinsassen verleiht, und seine Spritztouren mit dem Moped in die Stadt. Ob er meinen Brief beantworten wird, Sirius, ob er mir wohl erlauben wird, zu ihm zu kommen? Kurz vor dem Tod meines Vaters erzählte ich Morgue von meinem Onkel. Er lachte, Ach so, einen Idioten habt ihr in der Familie, Und du willst ihn wiederfinden, Dann bist du auch nicht ganz dicht. Ich habe darauf verzichtet, ihm mehr zu sagen. Morgue hat nie nach meiner Familie, meinem Leben gefragt. Ich war die, die auf ihn wartete, und wenn er nicht zufällig bei mir war, wollte er von der Entwirrung der Fäden, aus denen mein Leben gewebt war, wenig wissen. Er kam, redete über seinen Lebensekel und verschwand nach ein paar Minuten der Lust. Mein Zimmer verkam zum Bordell. Es stank ekelerregend nach Mann. Der süßliche Geruch des Todes klebte an den Wänden. Morgue hörte die Klageschreie nicht, die meine Brust erfüllten. Er sprach von seiner Frau, daß sie wie eine Schwester für ihn sei und daß sie sich nun, nach all den Jahren, glichen. Ich blieb die Fremde, die Hexe, die ihn in ihre Höhle zerrte, die Heidin, die ihn mit gottlosen Gebeten festhielt, die *kleine Wahnsinnige* mit der Erblast. Wenn er weg war, verließ ich mein Zimmer, irrte durch die nächtliche Stadt und hoffte, ein Unhold möge mich an einer Straßenecke erwürgen oder eine Horde Strolche mich in einem Hauseingang er-schlagen. Ich hatte ein Brennen in meinem Herzen, ste-chende Schmerzen in meiner Brust und das Hirn voller Nebel. Ich setzte mich auf eine Bank und wartete, daß jemand käme, mich zu berauben, mich abzustechen, mich von diesem Leib zu erlösen, meinem verkauften, besudel-ten kleinen Leib, der mich mit Wellen des Ekels über-schwemmte. Doch niemand traute sich an das Wrack, das ich war, heran. Die Nachtschatten hielten sich fern und glitten an mir vorbei, als ob meine Pein ihren Abscheu erregte. Ich ging in mein Zimmer zurück, wo der Geruch von Morgue noch in der Bettwäsche hing, in jedem Ge-genstand, den ich berührte. Das Telefon schellte, Morgue wollte wissen, ob ich auf Abenteuer ausgewesen sei, er warf mir vor, daß ich mich wie eine Geisteskranke ge-bärde, und verbot mir, irgend etwas anderes zu tun als zu Hause zu sein und auf ihn zu warten. Erinnerst du dich, Sirius, wie du mich in einer dieser Nächte anriefst, von einer plötzlichen Sorge getrieben? Du warntest mich wie-der, Du lebst ja gar nicht mehr, sagtest du, Du stirbst noch an Morgue, Du trägst ein totes Kind in dir, und dieses Kind bist du, Morgue meuchelt dich, Er ist einer von diesen gemeinen Verbrechern, die durch Gleichgültigkeit, Lügen, Kränkungen töten, Morgues Worte haben sich in dir eingenistet, Ich aber will ein Lächeln auf deinen Lippen und Frieden in deiner Seele sehen. Doch meine Seele, Sirius, war von Morgue versklavt, mein Leib gab sich ihm freudlos hin. Nichts konnte mich retten vor dem Abgrund, an dessen Rand ich stand. Morgues Stimme zog mich hinab. Ich fand keinen Geschmack mehr am Leben. Ich war wie eine leere Muschelschale, eine vertrocknete Pflanze. Ich dürstete nach Licht, doch die Nacht hielt mich in ihren Netzen gefangen. Ich hungerte nach Zärtlichkeit, doch Morgue warf mir Worte ins Gesicht, die meine Existenz verneinten. Ich war nur ein Stäubchen in Morgues Auge, ein Sandkorn im Getriebe seines Lebens, das ohne mich lief. Ich driftete ab, mein Kopf bekam einen Sprung, der wurde von Tag zu Tag größer. Bilder des Todes drängten herein. Ich sah mich als verwundeten Hirschen, der sich, von Pfeilen durchbohrt, blutend durch einen Wald schleppt, in den kein Lichtstrahl dringt. Mein Leib war unfruchtbar, leer, vertrocknet und ging nur mit meinen Schmerzen schwanger. Ich trug mein Leid wie eine Frau die Waise, für die sie noch ein Grab sucht. Die Klauen der Liebe wühlten in meinen Eingeweiden. Ich hätschelte meine Enttäuschungen und zeugte mit meinem Kummer blutleere Schatten. In der Dunkelheit, die mich überfiel, leuchtete manchmal von fern ein Licht. Mein Vater hatte einen Brief, einen flehenden Brief geschrieben: Das einzige, was er sich vor dem Sterben wünsche, sei, mich noch einmal wiederzusehen. Er habe die Möbel umgestellt im Haus und andere Blumen im Garten gepflanzt, um mich willkommen zu heißen. Ich könnte ein einfaches Leben genießen, wenn ich käme. Die dürren Bäumchen habe er gefällt, die blauen Fensterläden neu gestrichen, vor den Fenstern Vorhänge angebracht und das Bett frisch bezogen. Er würde mich wie früher in den Zoo mitnehmen, wo die paar Tiere, die es noch gebe, die paar Spaziergänger, die sich dorthin verirrten, betrübt betrachteten. Wir könnten ins Kino und in die Kirche gehen, die nach langen Jahren der Verfolgung die Pforten wieder geöffnet habe. Die Ideologen hätten Ballast abgeworfen, das Leben sei leichter geworden, die Bürgersteige bordeten über von Blumen und Waren. Ich könnte von den nie gekannten Freuden ungestörter Tage kosten, der Lust, im Morgengrauen aufzustehen, nachmittags im halbdunklen Zimmer faul der Siesta zu frönen und in der Ruhe der Dämmerung zu schwelgen, wenn die Grillen mit ihrem Zirpen das Zungenschnalzen der Eidechsen erwidern. Die verrückte Pianistin, die jetzt faltig und fast kahl sei, spiele noch immer die Sonate ihrer entschwundenen Liebe, und die Töne ihrer Qualen rollten durch die Nacht wie Perlen einer abgerissenen Kette. Komm, schrieb er mir, beeil Dich. Dort war alles gelassenes Warten. Ich aber harrte in meinem Zimmer aus, das ich haßte, in der Stadt, die mir Angst einflößte und wo alles Drohung und Enttäuschung war. Was war von meiner Liebe zu Morgue geblieben? In tausend Stücke zerrissene Briefe und mein erloschener Blick, der in ein einziges Bild verhakt war: das Bild meines Verfalls. Aus Liebe war Verderben geworden. Mein Leib fühlte die Auflösung nahen. Er war wie ein Gespenst, das panische Angst vor den Lebenden hat, floh vor

damit er die Motette von Liebe und Tod tiriliere. Doch mein Lied stieß bei Morgue auf taube Ohren, er hatte nur Sinn für Hohn und Spott und sarkastische Vergleiche, verschwendete tausend Gedanken an die Eigenliebe und lehrte mich doch nur, mich selbst zu hassen mit einem wilden Haß, der mir in jedem Spiegel, in den ich blickte, eine Mißgeburt zeigte, ein Ungeheuer, das niemand lieben konnte, das auch an sich nichts lieben konnte, es sei denn, sein gebrochenes Herz. Vom Kloster oder der Zelle in einer Anstalt erhoffte ich mir die Erlösung von der Welt. Dort hätte ich Frieden finden können, keine Blicke, keine Versuchung. Dort wäre ich so gut wie tot gewesen, fern von den Menschen begraben, dem Nichts anheimgegeben, Gott oder dem Wahnsinn geweiht, und hätte den verdammten, von Morgue bespuckten Leib vergessen. Ich hätte nichts mehr gehört von der Liebe, jener billigen Dreigroschenliebe, zu der Männer stets bereit sind, während ich auf der Suche nach dem Vollkommenen, dem Absoluten war, auch wenn ich mich mit Brosamen begnügen mußte. Ich hätte mich zersetzen lassen bis zum Bruchstück eines Atoms, bis ich nichts mehr gewesen wäre als ein winziger Punkt im Weltall, ein Komma in der Zeit. Ich hätte nur noch im Sinn gehabt, auf ewig zu verschwinden, von Einsamkeit und Trugbildern verschluckt. Morgue hatte den naiven Glauben an den anderen in mir zerstört. Männer machten mir angst, mir schien, als wäre da immer ein Messer, das sie nie vergaßen, selbst wenn sie den Mund der Geliebten küßten. Ihre

Worte waren Gift, ihre Hände Handschuhe aus Eisen, die eine Wunde streicheln. Zu meiner Beharrlichkeit, meinen Leidensdurst zu stillen, kam die Herausforderung: Ich wollte wissen, welche Schmach ich noch erdulden, mit welcher Ergebung ich mich erniedrigen lassen würde, ich wohnte dem Schauspiel meines Schiffbruchs mit einem müden Seufzer bei. Morgue war nur das Werkzeug dieses Untergangs, der schwarze Engel, der mit seinen Flügeln den Himmel meiner Melancholie peitschte, der Henker eines willigen Opfers. Jedes vernichtende Wort von ihm befriedigte meinen Wunsch, ein Nichts zu sein, entbehr⸗ licher Ballast ohne Verbindung zum Leben, ein blinder Passagier, die überzählige Dritte, die bei der Inventur des Glücks in die Spalte der Nebensächlichkeiten eingeord⸗ net wird. Morgue gab mir nur eine Gewißheit: die mei⸗ ner radikalen Fremdheit in der Welt, meiner Unfähigkeit, mich woanders zu entfalten als in den Fängen des Un⸗ glücks. Ich war ein Unkraut, zerrieben zwischen den Fin⸗ gern eines achtlosen Gärtners. Ich war ein wildes Tier und nur durch Schmerz zu zähmen. Ich erwartete von Mor⸗ gue, daß er mich in meiner Nichtigkeit bestärkte, in mei⸗ nem Gefühl, kein Recht auf Glück zu haben, aus der Sphäre des Genießens ausgesperrt zu sein. In der Ein⸗ samkeit, die mir gehörte, bat ich nur um das, was diese Einsamkeit vergrößern und zu meiner Absonderung bei⸗ tragen konnte. Für dich wird es nie einen Platz in meinen Plänen geben, sagte Morgue zu mir, und das verstand sich von selbst. Ich kann dir nur ein Zehntel meiner Liebe geben, sagte Morgue zu mir, und auch das verstand sich von selbst. Was konnte an mir schon liebenswert sein, wenn ich selbst nur Haß auf mein Leben hegte? Welchen Platz konnte man mir schon einräumen, wenn ich doch immer die letzte sein wollte und damit rechnete, zertreten zu werden wie ein Strohhalm, den der Wind vergaß. Ich bin nicht zur Freude geboren, Morgue war meine Buße für den Wunsch, ein bißchen Zärtlichkeit abzustauben. Meine Bitten nahm er flüchtig zur Kenntnis. Meine stummen Schreie ließen ihn kalt. Was ich mit ganzer Seele ersehnte, gereichte ihm zum Spott. Er benutzte meinen Körper und ließ die Unendlichkeit, in die ich die Liebe einschrieb, links liegen, wobei er stets wiederholte, die Sorge um sein eigenes Wohlbefinden verbiete seinem Herzen, für jemand anderen zu bluten. Morgues Herz ruhte in einem gläsernen Schrein. Er betrachtete es bewundernd wie ein kostbares Objekt. Er hatte seine ganze Person zu einem Museum, einem Heiligtum gemacht, dem man sich zwar nähern durfte, das sein Mysterium jedoch für sich behielt. Ich hatte diese Sphinx ohne Geheimnis bald durchschaut, Morgues ganzes Geheimnis war sein Mittelmaß, das ihn davon abhielt, in unbekannte Fernen zu fliegen oder nach Höherem zu streben als einem gelungenen Gelage in großer Gesellschaft, bei dem er seine Einsamkeit vergaß, die Einsamkeit, an die er sich nie recht gewöhnen konnte trotz seiner Behauptung, er suche sie wie ein Einsiedler seine Wüste. Morgue setzte sich auf einen Sockel und forderte Ehrfurcht von seinem Hofstaat wie ein römischer Götze von seinen Priestern. Er predigte den Lebensekel, und die besoffenen Pudel spendeten dem weisen Hund Applaus. In unserem Spiel war ich das Weibchen, das sich seinen Launen zu fügen hatte, er dagegen in seiner Pose als Herrchen, selbst jeder Hingabe abhold, konnte verlangen und empfangen nach seinem Begehr. Im Wer-verliert-gewinnt-Spiel fiel mir der Sieg zu, das große Los der Enttäuschungen und Ängste. Die Ewigkeit, die ich suchte, betrachtete Morgue wie durch ein umgekehrtes Fernglas und spottete darüber, wie man so weit blicken könnte. Ihn interessierte nur das Hier und Jetzt der Lust. Er gierte nach allem, was er kriegen konnte, sofern er nichts dafür geben mußte. Die Bücher, die ich las, waren in seinen Augen ein wirres Durcheinander, Rebusrätsel, die das Leben mit einem Sinn beschwerten, den man besser nicht entzifferte, weil sonst womöglich die um ihn errichtete unverrückbare Ordnung aus Anekdoten, menschenunfreundlichen Gedanken und Beschimpfungen der Getreuen, die seine diamantene Einsamkeit erhellten, zusammenbräche. Obszön war meine Liebe zu Morgue, obszön die Abhängigkeit, in die ich geraten war. Nie konnte ich einen Dichter zitieren, den ich liebte, ohne daß er darüber lachte. Nie konnte ich von einem Buch erzählen, das ich schätzte, ohne daß er seine abgrundtiefe Ignoranz, seine in Zechgelagen ertränkte Unbildung dagegenhielt. Bücher, die ich ihm schenkte, schlug er gar nicht erst auf. Meine Leidenschaften ernteten Sarkasmen. Morgues ganzes Leben spielte sich unter seinen Höflingen ab, einem Haufen Hohlköpfen und Schlappschwänzen, die nie von den Schwingen der Kunst gestreift worden waren und allen höheren Dingen mit einer rasch von auf⹁ gesetzter Verachtung weggewischten Furcht begegneten. Morgues Prahlerei, wie sehr er sein Leben genieße, ent⹁ sprang der Leere seiner Seele. Er suchte Zerstreuung um jeden Preis. Das Getöse seiner Getreuen erheiterte ihn wie Fliegengebrumm und hielt ihm den schwärzesten Ver⹁ druß vom Leib. Schweigen machte ihm angst, wenn er mit einer Frau allein war, wurde er verlegen, Kunst wi⹁ derte ihn an, der Tod war ihm ein Schrecken, und der bloße Gedanke daran bereitete ihm schlaflose Nächte. Ich hatte ihm von dir erzählt, Sirius. Er haßte dich, ohne dich zu kennen. Du warst für ihn *der kleine Marquis.* Er fürch⹁ tete jeden, der ihn an das verlorene Paradies gemahnte, nach dem wir uns strecken. Morgue regierte das Fegefeuer des Durchschnitts, die goldene Mitte, wo sich Eigenliebe mit Liebe zum Besitz traf. Ein Buch bedeutete ihm nichts, wenn es ihm nicht erlaubte, mit seinen kläglichen Kennt⹁ nissen zu protzen und so das Publikum glauben zu ma⹁ chen, er laufe gelegentlich auch andere Gestade an als die Sümpfe der Ahnungslosigkeit, wo er sich in gesunder Wollust suhlte. Begeisterung konnte höchstens sein Land⹁ gut in ihm erwecken, ein Prunkbau mitten im Grünen. Dorthin berief er seinen Hofstaat, der zwischen zwei Ge⹁ lagen das Dach reparierte, den Garten pflegte, Pflaster legte und Mauern baute, die deutlich machten, daß dies ausschließlich Morgues, des Herrn und Meisters, Eigen⹁

tum war. Ansonsten hatte er sich der Technik verschrie-
ben, er kaufte zu horrenden Preisen Autos, deren Karos-
serien seine treuen Diener im Sonnenschein auf Hoch-
glanz polierten. Ihre Gespräche kreisten um Automarken,
Motorstärken und die Liebe zu alten Cabrios. Morgue
besaß natürlich das Beste, was der Markt zu bieten hatte,
und die Höflinge nickten mit bedeutungsvoller Miene,
selig vor Bewunderung für den guten Geschmack und den
Reichtum ihres traurigen Sire, den ein Kratzer auf seinem
Verdeck weit mehr betrübte als seine grammatikalischen
Schnitzer. Morgue kultivierte Männerfreundschaften, er
hatte Gruppeninstinkt. In dem Verein, der ihm zu Füßen lag, welkten Frauen zu sorgenträchtigen Fotzen. Im
Kreise seiner Priester predigte Morgue Vorsicht vor ver-
liebten Jungfrauen und Sammlerinnen, vor erglühenden
Lilien und verblühten Rosen, vor zärtlichkeitshungrigen
und zwietrachtsäenden sowie vor frechen und flehenden
Weibern. Morgue war ein unberührbares Denkmal, eine
goldene Statue, die gelegentlich geruhte, einer Ertrinkenden die Hand hinzustrecken, um sie besser in ihre Einsamkeit zurückstoßen zu können, nachdem er sie herausgeholt hatte. Die Vasallen stimmten eine fette Lache an,
selig vor Bewunderung für die Grandezza des großen
Mannes im Umgang mit der Liebe. Denn Morgue hatte
einen Alptraum: sich von Gefühlen erwischen zu lassen.
Sein Herz war schockgefrostet, und seine Bitterkeit dik-
tierte ihm, daß Ruhe zu bewahren das Wichtigste sei.
Seine Phantasie reichte gerade, sich Ausreden auszuden-

ken. Seine Moral verirrte sich in Spitzfindigkeiten, die selbst für einen Jesuiten unentwirrbar waren. Sein Beute-verhalten verriet seinen Wunsch nach Vergötterung und seine Furcht vor Vermögensminderung. Sein Besitzer-instinkt führte ihn an der Nase herum. Das Geschenk der Liebe betrachtete er als Diebstahl: Es brach ihm einen Zacken aus der Krone, zwang ihn, sich zu öffnen, zu ge-ben, was er gewöhnlich bekam. Sein Herz, sein Kleinod, bewachte er wie ein Geizhals, den der Gedanke an all die Gauner, die auf seine Reichtümer lauern, nachts aus dem Schlaf schrecken läßt. Machtverhältnisse gingen ihm über alles. Zärtlichkeit hielt er für Sentimentalität, und seine Verachtung erreichte ihren Höhepunkt, wenn er sich an meinen stummen Bitten stieß. Sein Herz wurde zu Eisen, meines brach, und die Splitter, die zu Boden fielen, zer-trat er unter mörderischen Floskeln. Morgue belehrte seine Getreuen, denen die Augen übergingen vor Begeisterung für die Klarsicht des Strategen, man müsse sich die *Schnal-len* dienstbar machen, den Zutritt zum eigenen Revier aber verwehren, denn wenn sich eine von denen erfrecht, dich zu belagern, ist es mit deiner Ruhe vorbei. Er hatte sich die Grobheit zum Prinzip gemacht und entging damit der unangenehmen Verpflichtung, den Gebenden zu mimen. Mit diesem höhnischen Ton in der Stimme, den er immer anschlug, wenn es um Liebe ging, erzählte er Geschich-ten von *Miezen,* die an seiner Türe kratzten, die Nacht auf seiner Fußmatte verbrachten und drohten, sich die Puls-adern aufzuschneiden. Er besaß den unheilvollen Charme

eines Lovelace, der jeder Erregung abhold ist und verwirrte Wesen anzieht, die es nicht erwarten können, daß
man ihnen das Rückgrat bricht. Im reiferen Alter war sein
Ennui nur noch Maske, er hatte ihn bis auf die Knochen
abgenagt und eine verführerische Mumie im Luxussarko-
phag daraus gemacht, von Bändern wie von einer zyni-
schen Bindung geschützt. Liebe fand er zum Kotzen, mit
Eroberungen war gut protzen, wenn man sie schnell genug entsorgte. Begegnete Morgue der Liebe, wurde er zu
einem Jungen, der nur davon träumte, dem Schmetterling
die Flügel auszureißen, und zu einem Greis, der verlangte,
daß man seinen Körper wärme, ohne die Bettwäsche zu
zerknautschen oder seinen Einschlafritus zu stören. Es
verstand sich von selbst, daß der Schmerz den Unbe-
dachten vorbehalten war, die sich von ihm zu Fall bringen ließen. Morgue fiel nie, Gefühlsduselei war ihm
fremd, er stand mit beiden Beinen fest im Leben und betrachtete das Gemetzel sarkastisch aus luftiger Höhe. Pech
für die Opfer, er hatte sie doch gewarnt, daß er nicht geben könne, was er nicht habe. Wer wollte von einem
Leichnam erwarten, daß er zusammenzuckte, wenn die
Liebe rief? Morgue hatte sich mit einer Überdosis Zynismus selbst ermordet, er hatte nichts zu verschenken als ein
Kuvert ohne Brief. Sein Gesicht mit der gegerbten Haut,
den unsteten Augen und den dünnen Lippen war das eines Kadavers, der in der Glut der Enttäuschung zu Stein
erstarrt war. Schwarz war Morgues Herz, von keinem Gefühl zu erschließen. Der Schlüssel dazu war für immer

verloren. Weiß waren meine Nächte, die Leidenschaft für diesen Mann ließ mich nicht schlafen, der sich benahm wie eine grausame Kokotte und über die Liebe sagte, er kenne sie zur Genüge und wolle nichts anderes von ihr als einen zusätzlichen Lustgewinn, um sich von seinem Lebensekel abzulenken, der ihn stets überfiel, wenn er mit sich selbst allein sein mußte und sich fragte, welche Liebe er jetzt verhöhnen, welches Herz er brechen, welche Beute er ausbluten könne, um sich dann scheckig zu lachen über diese *Mäuschen* mit ihrer Leichtgläubigkeit und ihrem stillen Hang, sich ganz und gar hinzugeben, nackt bis auf die zarten Gefühle, die sie dem unbeteiligten Henker schenkten, ohne andere Waffen als ihre Tränen, von denen ihr Gesicht so aufquoll. Was, Sirius, hätte mich bei diesem Individuum halten sollen außer dem Wunsch, die bittere Schale bis zur Neige zu leeren, dem Bedürfnis nach Erniedrigung und dem Dasein einer Sklavin, die um die kümmerlichen Krümel der Liebe bettelt, mit denen der Fürst geizt aus Furcht, in einem Anfall von Aufrichtigkeit oder Leidenschaft seine Männlichkeit zu beschädigen? Morgue verhielt sich wie ein König, der um sein Königreich zittert. An den Toren standen Wächter, du tratest mit bloßen Füßen und leeren Händen und bebendem Herzen vor ihn hin, bekamst den Befehl, da zu bleiben, in seinem Harem, und darauf zu warten, daß die Langeweile ihn zu dir führte. Wenn er eintrat, sah er dich an wie ein verwöhnter alter Knabe sein Spielzeug: Er möchte alles besitzen, schlägt viel kaputt, manches streichelt er auch zerstreut. Alles, was er berührt, wird von seiner Bitterkeit angesteckt, er hat der Welt das Virus seines Lebensekels eingepflanzt. Der greisenhafte Ennui des schmollenden Jungen färbte Morgues Leben in einem Einheitston aus Wozudasalles und einem Stich Bitterkeit, aufgefrischt nur von ein paar Blutspritzern der an seiner Indolenz verendeten Beute. Nichts, Sirius, hätte mich bei ihm halten können außer dem Wunsch, daß man mich mit Füßen trete und meine Liebe als kleines Versehen betrachte, das man mit der Hand vom Tisch fegt. Todtraurig verkroch ich mich in mir selbst und wiegte den toten Fötus der Liebe, die in mir gewachsen war, gehätschelt als etwas Absolutes, ein makelloses Ideal. Morgue freute sich bloß halbtot bei dem Gedanken, daß ich ihm untertan war. Wenn er auf mich zukam, stockte mir der Atem, wenn er sich zu einer Nettigkeit bequemte, fing ich an zu zittern, sein Bild hing über mir, ich lebte jede Minute mit ihm, wenn auch nicht wie unter einem von tausend Liebesfeuern glühenden Regenbogen, sondern wie unter einer dräuenden Wolke, die sauren Regen verspritzt. Morgue kultivierte die schäbige, läppische Liebe. Mehr zu geben hätte das Kapital seiner Gesundheit antasten können, denn Liebe war in seinen Augen eine tödliche Krankheit. Sollten Unvorsichtigere ihr erliegen, er wurde höchstens von der fieberhaften Sorge gequält, nicht geliebt zu werden, keine Bestätigung im anderen zu finden für sein Sein, er war auf der Welt, um eine Liebe fürs ganze Leben mit Liebe für einen Tag zu vergelten, und zahlte für das Absolute mit ein paar Groschen. Glaubst du, Sirius, daß wir verdammt sind, unsere Gefühle zu vergeuden, sie auf Menschen einzustimmen, die mit uns nicht harmonieren und die sanfte Weise des Unendlichen mit Mißtönen erwidern? Glaubst du, daß wir verdammt sind, unseren Part allein zu spielen, daß wir nie die kristallisch reine Stimme vernehmen werden, die sich aus einem versteckten Winkel der Schöpfung erhebt, mit der Morgenröte geboren und vom Tau gebadet, die unser Herz auffahren läßt wie der Ruf des Lebens, das über die elenden Versuche, vor der Ewigkeit zu fliehen, triumphiert? Die Stimme von Morgue knarzte höhnisch, verlebt wie die eines Wanderers durch die Welten, der aber nirgendwo hinging außer in jene Wüste, in der er sein Denkmal errichtet hatte, Wunder über Wunder, trügerisch spiegelnde Oase, die vor den Augen des Verdurstenden zu tanzen anfing. Am Telefon hörte ich immer nur die Katzenmusik der Enttäuschung und hoffte doch jedesmal, den einen, einzigen Ton zu finden, bei dem die Herzen schmelzen und die Leiber vor Lust sich zu berühren, zu vereinen beben und vor Angst, die Saite, die ihre Seelen zum Vibrieren bringt, könnte reißen. Obwohl er sich strikt an den Grundsatz der Nichteinmischung hielt, liebte Morgue den Krieg, gemeinhin Geschlechterkampf genannt, der von Menschen geführt wird, denen das Bild der Liebe abhanden gekommen ist und die Strategien der Zerstörung erfinden, um den durch Berechnung schal gewordenen Gefühlen ein wenig Feuer zu geben. Verrate,

verleugne, verachte, hasse, so lauteten die Regeln, beherrsche, verletze, reich ihnen erst den kleinen Finger, wenn
sie die ganze Hand schon schmerzhaft zu spüren bekommen haben. Morgue pochte auf sein Recht zur Unverbindlichkeit, denn die Schlange, die er in seinem Busen
nährte, erstickte jedes aufkeimende Gefühl. Ein Gegenüber brauchte er nur, um seine Macht zu messen und
Demutsriten zu verhängen. Das war seine Art der Liebe
und der Freundschaft, er war geübt in der Kunst, den einen klein zu machen, den zweiten fortzujagen und den
lachenden Dritten zu hofieren, der in Gnaden wiederaufgenommen wurde, überglücklich, daß der Meister nach
ihm gepfiffen hatte. So war Morgue stets von einem Hofstaat umgeben, wo jeder jeden auszustechen versuchte im
Kampf um seine Gunst und die Getreuen sich gnadenlos
bekriegten, um das Klappstühlchen zu erklimmen, das
Morgue für den gerissensten Höfling bereithielt, dem es
gelang, unter den gezückten Messern der anderen hindurchzurobben und das Treppchen zu seinem Thron mit
Honig zu bohnern. Herrschen war Morgues größte Leidenschaft, danach war sein ganzes Handeln ausgerichtet.
Geliebte und Freunde mußten ihren Stolz fahrenlassen,
seine Fahne hochhalten, sich ihm mit Leib und Seele
verschreiben und die Erniedrigung auf sich nehmen, bald
verspottet, bald vergessen, aber ständig überwacht zu werden, um von Zeit zu Zeit das überirdische Glück des für
einen Moment lang von ihm Erwählten genießen zu dürfen. Wenn eine dummerweise aufbegehrte oder sich vom

Acker machte, wurde sie erbarmungslos verdammt und als *Nutte,* als *Schlampe* beschimpft, was eigentlich auf alle *Weiber* zutraf, die sich ihm doch nur deshalb an den Hals schmissen, weil sie von dem Reichtum und dem Charme dieses Provinzfürsten geblendet waren. Seine Getreuen dagegen verrieten ihn nie. Er konnte sie alle zum Affen machen, er konnte sie beleidigen und in die Runde wer-fen, das sei ja wie beim Karneval einer Steinzeitsippe, heimgesucht von einem Reigen Untermenschen, die et-was von einer Kreuzung aus Orang-Utan und Klapper-schlange hätten, sie zogen den Kopf ein, warfen sich ihm zu Füßen, ließen das Gewitter vorüberziehen, und kaum erhob er seine Stimme, schrien sie Zeter und Mordio über die ewigen Geschichten, die Weiber machten, die dich triezten und traktierten, bei jedem Pups zu plärren began-nen, die sich aus Possen Passionen schnitzen wollten, Ul-timaten stellten, mit Selbstmord drohten und respektlos die Ruhe des großen Mannes störten. Ach, diese *Weiber,* die von einem Apfelbaum Orangen ernten wollten und an ihm rüttelten wie die Verrückten, wo er doch bloß ein bißchen Dünger brauchte und ein paar fette Späße über diese Dummchen, die vor lauter Liebe bereit sind, im Morgengrauen aufzustehen und ein bequemes, geregeltes Leben über Bord zu werfen. Was für ein Schmutz, Sirius! Und ich bin in diesem Schmutz herumgewatet und habe so sehr gelitten und leide noch immer bei der bloßen Er-wähnung seines Namens. Liebe setzt die Urteilsfähigkeit außer Kraft. Selbst wenn mir die Augen aufgegangen wären, hätte ich in Morgue doch nur den Mann gesehen, der mir die Ration Schmerz zuteilte, nach der ich verlangte. Was sollte ich büßen, daß ich mich wegwerfen mußte an diesen grinsenden Herzensbrecher, für den die Liebe nichts weiter war als ein bißchen Haut und Schweiß, ein Zeitvertreib, der nicht einmal gegen die Langeweile half? Morgue war zu mir wie ein Vater, der seine Tochter einst im Stich gelassen hatte und sie nun um sich herumschlei-chen sah, ein unrechtmäßiges, lästiges, einer Laune ent-sprungenes Balg. Er hatte doch Familie, seine kostbare Familie, die seinen Namen trug, einen Allerweltsnamen, auf den er stolz war, weil er seine Zugehörigkeit zur Masse unterstrich. Morgue liebte den Geruch der Herde, er hatte eine Neigung zur Masse, weil er so gern den Leithammel gab. Da war sein Clan, der Kreis seiner Getreuen, die für ihn Männchen machten. Da war sein Gut, von dem er, weil sein Denken sich kaum über Fußbodenniveau erhob, annehmen mußte, daß ich ihn darum erleichtern wollte. Morgue hatte, wie ich schon sagte, Sirius, einen Besitzer-instinkt. Ich hatte nur meine Liebe und meinen Schmerz. Ich war ein zerbrechlicher Nachen, der auf einen Felsen zutrieb. Wie eine uneinnehmbare Wand stand Morgue vor mir. Ich warf mich kopfüber dagegen, zerbarst in tausend Stücke, die Trümmer meiner Liebe trieben ver-streut im Wasser, das Meer spuckte sie Morgue vor die Füße, und der zertrat sie achtlos. Ich saß in der Falle, ich hatte meinen Verstand geopfert, meine Liebe einem Mann geschenkt, der es nicht wert war, schlimmer noch, der davon gar nichts wissen wollte. Ihm hätte es gefallen, wenn ich zurückgeschlagen hätte und seine Gleichgültigkeit mit lockeren Worten gekontert. Ihm hätte es gefallen, wenn ich genauso ein Tiefflieger gewesen wäre wie er, wenn wir *Partner* geworden wären, wie es Erwachsene tun, die gelernt haben, das Grollen des Unendlichen in sich zum Schweigen zu bringen, während ich mich nach jener kindlichen Liebe sehnte, wo jede Geste, jedes Wort von der Verzweiflung spricht, nicht eins zu sein in einem heimlichen Einklang, in dem die Welt versinkt. Eine solche Liebe, in der alle Momente zusammenfallen, erfuhr ich mit meinem Vater, Sirius, und ich werde mein ganzes Leben lang in den Augen der Männer nach diesem Strahlen der Zärtlichkeit suchen. Werde ich es je wieder finden, oder bin ich auf ewig verdammt, mich an das Abwesende zu klammern und bittere Kräuter zu kauen, die nach verlorenen Küssen schmecken? Ich bin an Morgue gescheitert und werde an allen Männern scheitern, die nicht den Ruf des Anderswo in mir ahnen. Den langen Weg, der vor mir liegt, muß ich allein gehen, und das Gespenst meines Vaters wird meine Schritte lenken. Er ist gestorben, um mich an das Paradies zu erinnern, das ich verraten habe. Ich habe ihn getötet, weil ich Morgue meine Seele verkaufte, den Blick weit abgewandt von jenem Horizont, an dem unsere Augen sich trafen. Auch ich bin tot, an der Liebe gestorben, weil es nur die Wahl gibt zwischen der Sehnsucht nach den von der Sonne der Kindheit wiederaufgewärmten Gefühlen und der kalten Ernüchterung der

Erwachsenen, aus der die zynische Sprache der enttäusch-
ten Hoffnungen spricht. Vergiß nicht, mich liebzuhaben,
sagte mein Vater zu mir, und ich wußte nicht, was ich antworten sollte. Liebe mich auf ewig und erwarte nichts dafür außer dem Ekel vor dir selbst, drängte Morgue mir mit
seinem Verhalten auf, und ich wußte nur zu gut, mich diesem Drängen zu fügen. Ich war verletzt, als hätte ich eine
Blume gepflückt und diese sich in meiner Hand in eine
Distel verwandelt. Ich fühlte mich besudelt, als hätte ich
ein Bad im klaren Wasser erhofft, und statt dessen hätte
mich jemand mit einem Kübel Jauche übergossen. Ich
habe mit dem Gedanken gespielt, mich an Morgue zu
rächen, ich hätte mich dem erstbesten hingegeben, um
seine Eifersucht zu wecken, das Besitzergefühl, das ihn
durch und durch prägte. Dann hätte ich ihm mit einem
bitteren Lächeln von meinem Abenteuer erzählt, mit dem
Gesicht einer Ertrinkenden, die sich an das Rettungsfloß
klammert, bevor sie versinkt. Aber mein Körper widerte
mich an. Morgue hatte alles entweiht. Ach, Sirius, ich
fühle mich so nichtswürdig, so schmutzig. Gib mir deine
Hand. Sag, daß ich alles vergessen werde. Du sagst ja gar
nichts. Also verurteilst du mich auch. Ich hätte so nicht
vor meinen Vater treten können in diesem Trauerkleid,
mit diesem besudelten Leib. Ich bin nicht mehr das un-
schuldige Mädchen mit dem offenen Herzen, für das die
Welt ein schillernder Stoff mit dem erlesensten Spielzeug
darin war. Ich habe das Leben verlernt, es birgt nur noch
schmerzliche Erinnerungen, es ruft mir ins Gedächtnis,

daß mein Vater nicht mehr da ist und seine liebende Stimme sich nie mehr aus seinen Briefen erheben wird. Kein Mann wird mir geben, was mein Vater mir gab. Ewig werde ich mich nach dieser Liebe sehnen, das Herz eines Toten wird mein Kopfkissen sein. Die mein Vater erwartete an seinem Sterbebett, das war nicht ich, die Verwirrte, die ihr Herz an einen Illusionenhändler verloren hatte, es war das vom Leben noch nicht verwundete Kind. Das Kind, das große Augen machte und nach phantastischen Geschichten verlangte, lebt noch in mir. Morgue hat es nicht umgebracht. Träume machen mich noch staunen, der Ruf des entflohenen Paradieses läßt meine Seele immer noch erschauern. Hör, Sirius, hör diese Stimme, die aus der Tiefe ruft. Sie ist das einzige, was mir von den letzten Jahren blieb. Sie spricht von verlorener Liebe und Gewissensbissen, weil ich meinen Vater im Stich gelassen habe, weil ich nur kam, ihn zu begraben. Als ich das Telegramm von seinem Tod erhielt, brach ich auf. Verstört und reuig kehrte ich in das Haus zurück, das jahrelang auf mich gewartet hatte. Es war in sich zusammengesunken unter der Last der Trauer, die Fensterläden schlugen an die Mauern, als ob es blinzelte. Ich trat durch das große Tor, den Schattenmund, in den Raum mit dem Sarg meines Vaters. Weißgekleidete Gestalten liefen wehklagend um mich herum. Ich beugte mich über den Sarg. Das Antlitz meines Vaters war friedlich, doch mir schien, daß er mit strenger Miene die Stirn gerunzelt hatte. Er vergab mir mein langes Säumen nicht. Ich war in Schwarz. Ich hatte keine Trauerkleidung. Jemand warf mir einen weißen Schleier über den Kopf. Ich wandte mein Gesicht ab und fiel auf die Knie. In dieser länglichen Kiste, die bald, von einem Trauermarsch begleitet, fortgetragen würde, lag der steife Leichnam meines Vaters. Ich faltete die Hände. Ich wollte beten, doch kein Ton verließ meinen Mund. Die Wände tanzten vor meinen Augen, Blumenkränze wirbelten durch die Luft, der Sarg erhob sich langsam, begleitet von Klagegemurmel, das mir in den Ohren dröhnte. Ich fiel in Ohnmacht. Als ich wieder zu mir kam, lag ich auf dem Bett, in dem ich als Kind mit meinem Vater schlief. Eine Gestalt in Weiß, die ich als eine Schwester meines Vaters erkannte, fächelte mir Luft zu. Schweigend sah sie mich an, in ihren Augen konnte ich mein Urteil lesen. Jetzt kommt sie an, die Undankbare. Und heult herum, wo der alte Mann sie doch gar nicht mehr hören kann. Ich stand auf und trat wieder an den Sarg. Ich legte meinem Vater die Hand auf die Wange, strich mit den Fingerspitzen über seine violetten Lippen. Eine Träne fiel auf sein Lid. Der Mann, der da lag, nahm meine Kindheit mit sich. Der Schmerz machte mich erwachsen. Ich hielt die ganze Nacht Wache bei dem Toten. Ein Vollmond tauchte den Hof in schwaches Licht. Die wahnsinnige Pianistin von gegenüber schlug ein paar Tasten an, die Töne der abgebrochenen Sonate wehten wie ein Duft aus meiner Kinderzeit herüber. Ich inspizierte das Haus, sah die Stümpfe der gefällten Bäumchen und die Blumen, um die sich niemand gekümmert hatte, seit mein Vater im Krankenhaus war. Das Haus war marode, Eidechsen riefelten die Wände, in der Kloake hinter der Küche stand das Wasser. Ein Geruch von Abschied hing in allen Zimmern. Das Moskitonetz über dem Bett war an mehreren Stellen gerissen, und durch das fadenscheinige Leintuch sah man die Matratze. In einem Winkel entdeckte ich eine Tasche, in der mein Vater seine kostbarsten Schätze aufbewahrte. Sie enthielt ausschließlich Fotos von mir. Die Briefe hatte er verbrannt. Eine seiner Schwestern lag laut jammernd am Fuß des Sargs. Armer Bruder, klagte sie, bist allein gestorben. Ich näherte mich. Sie blickte auf, Vorwurf in den Augen, und setzte ihre Litanei fort. Hast allein gelebt, bist allein gestorben. Ich ging hinaus. Kühle Nachtluft hüllte mich ein. Ein paar Töne kamen aus dem Haus gegenüber, brachen aber rasch ab. Die wahnsinnige Pianistin tauchte hinter den Vorhängen auf. Sie gab mir Zeichen. Ich winkte zurück. Sie machte das Fenster auf und lachte ein gramvolles Lachen, schluchzend, als wäre ihr eben ein Zug von dolchbewehrten Gespenstern begegnet. Ich sah sie an, sah eine Vorahnung meines Schicksals. Die Straße war leer. Der Vollmond goß Galle über die Häuser. Aus meinem Vaterhaus drangen die Klagelieder der Schwestern, die sorglich den Sarg meines Vaters umhüllten. Ich wäre am liebsten weit weggelaufen, um mich zu verstecken und meine Gewissensbisse, meine Scham, meine Trauer tief in der Erde zu begraben. Der weiße Schleier auf meinem Kopf flatterte in der Nachtluft. Wind war aufgekommen. Langsamen

Schrittes ging ich zum Haus zurück. Drinnen wurde inzwischen die Beerdigung vorbereitet. Eine Schwester meines Vaters nahm mich bei der Hand, richtete mir den Schleier und zeigte mir meinen Platz am Sarg. Mein Vater runzelte immer noch die Stirn. Ich beugte mich über ihn, küßte seine kalten Lippen. Mir schien, daß eine Träne unter seinem Lid hervorquoll. Der Sargdeckel wurde geschlossen. Die Kapelle war angekommen, Trauermusik erscholl. Weißgekleidete Männer hoben den Sarg auf ihre Schultern, der Trauerzug brach auf. Mein Vater, Sirius, liegt an einem Wasserlauf. Er wurde inmitten seiner Freunde begraben, auf einem Abschnitt des Friedhofs, der für Leute aus demselben Dorf reserviert ist. Unbarmherzig brennt die Sonne auf sein mit Blumen umpflanztes Grab. Als man den Sarg in die Grube senkte, fühlte ich mich so schwach, daß meine Knie zitterten und meine Beine einknickten. Alle Blicke waren auf mich gerichtet, alle enthielten denselben Vorwurf: Sie hat ihn getötet, sie hat ihn einsam sterben lassen. Ich hätte mich in die Grube werfen, an den Sarg schmiegen und lebendig begraben lassen sollen. Ich hatte aber bloß meinen schwarzen Schal in den Sarg gelegt, bevor er geschlossen wurde, ein Geschenk von Morgue, das ich jahrelang ständig an mir trug. Meine Liebe zu Morgue war meinem Vater ins Grab gefolgt. Nun hatte ich nichts mehr. Am ganzen Körper zitternd, lehnte ich mich an den Grabstein. Mein Leben endete hier, am Ufer dieses friedlich plätschernden Wasserlaufs, der die Ruhe widerzuspiegeln schien, die endlich in die Seele meines Vaters eingekehrt war, während meine weiter auf Schlingerkurs blieb. Nun hatte mich auch mein Vater verlassen. Es gab niemanden mehr auf der Welt, der mir sanfte Worte ins Ohr raunen würde, niemanden, dem ich sagen könnte, von seinem Leben hänge mein Glück ab. Ich war aller Wärme beraubt. Mit diesem weißen Schleier auf dem Kopf lehnte ich am Grabstein, als wollte ich kapitulieren. Der Krieg war vorbei, der Kampf um ein Fetzchen Liebe, um ein Stück von Niedertracht verschontes Land, wo wir an der Brust einer auf einmal so zärtlichen Schöpfung ausruhen können, war zu Ende. Der Krieg war vorbei, mein Königreich war verloren, ich war wie tot auf dem Schlachtfeld liegengelassen worden. Es gibt kein traurigeres Schauspiel als eine junge Frau, die vor einem Grab steht und ihrer Verluste gewahr wird, Sirius. Schau, sie läßt den Kopf hängen, ihr Nacken ist gebeugt, ihre Knie sind geknickt, ihre Augen sind trocken, ihr Herz ist voller Tränen. Sie ist aus dem Leben gerissen, doch noch nicht dem Tod geweiht. Die Gespenster der Vergangenheit fressen sie auf, die Zukunft liegt vor ihr wie ein Nichts. Ihre Kindheit liegt in dem Grab, vor dem sie steht. Die Nacht fällt über sie herein, sie rührt sich nicht von der Stelle. Sie weiß nicht mehr wohin. Die Vögel malen dunkle Kränze über ihr Haupt, die Grillen zirpen klagend, das Wasser murmelt von Trauer, das Leben erscheint ihr plötzlich als Bedrohung. Sie hat es hinter sich gelassen, um an den stillen Gestaden des Todes an Land zu gehen. Doch auch dort ist sie nicht erwünscht.

Sie ist in der Welt zum ungebetenen Gast geworden. Das Leben stößt sie zurück, der Tod umkreist sie, ohne ihr die Hand zu reichen. Ihr wird schwindlig, sie sinkt am Rand des Grabes nieder. Sie fleht um Vergebung. Erhält keine Antwort. Von nun an ist das Schweigen ihr Gefährte, die Einsamkeit ihr Kloster. Diese Frau, in der das Leben kein Echo fand, Sirius, das war ich. Die Liebe hatte mich zerstört, mein Vater hatte mir nicht vergeben. Wenn ich auf diese Jahre zurücksehe, Sirius, kommt es mir vor, als wäre ich mit meinem Vater begraben worden. Meine Seele fliegt zur Grenzscheide des Lebens hin. Meine Knochen sind von Gewissensbissen zernagt bis aufs Mark, mein Gesicht ist von Trauer zerfressen. Mein Vater hat mich mit dem Gefühl zurückgelassen, daß ich ihn verraten habe. Aus seinen Briefen spricht nur noch die Stimme des Vorwurfs. Nichts kann mich vor dieser Leere retten, die mein ganzes Wesen erfüllt. Was soll ich mit den Tagen machen, die mir noch bleiben? Die Hypothek des Vaters lastet auf ihnen, die Liebe erklärt sich bankrott. Schau mich an, Sirius. Was siehst du? Einen fast durchscheinenden Körper, leere Augen und Lippen, die pausenlos Sätze formen, die sie nicht aussprechen konnten. Du hast einmal zu mir gesagt, ich sei aus einem Schweigen zuviel geboren. Jetzt sterbe ich an einem ungesagten Wort. Ist es das Wort der Liebe, das Morgue zur Täuschung benutzte und das mein Vater mir zugeflüstert hat, vergeblich darauf wartend, daß ich es ihm wiedergab? Ich taste mich in dem Dunkel voran, das fortan mein Reich ist. Gespenster tanzen um mich herum. Die Liebe hat mich verlassen, der Tod singt eine düstere Kantilene. Ich trage Trauer um mich selbst und sehne mich nach der Kindheit zurück, die mein Vater mit sich ins Grab genommen hat. Ich bin allein in dieser Einsamkeit, wie sie die Toten kennen. Mein Vater hat mich verlassen. Hat er mich nicht schon immer verlassen? Zeugen ist der Befehl zum Verlassen. Ist der Tod meines Vaters mein Tod oder meine zweite Geburt? Lassen die Toten uns deshalb nicht los, damit sie uns besser ins Leben begleiten können? Mein Herz zuckt zum ersten Mal seit langer Zeit. Mir scheint, daß aus den Briefen meines Vaters nicht mehr die Stimme des Vorwurfs spricht, sondern die Mahnung, den Blick zur Sonne zu heben. Der Tote ist in diesem Zimmer, doch nicht, um mich zu quälen. Er versorgt meine Wunden, lindert meine Bitterkeit. Die Worte in seinen Briefen sind wie die sanften Töne einer himmlischen Melodie. Ich höre das Leben kommen. Sacht schließt es mich in seine Flügel. Ich werde die Wohnung aufgeben, sie hat nur Verwüstung gesehen und Verzweiflungsschreie gehört. Ich muß hier raus. Dann lastet Morgues Schatten nicht mehr auf mir. Adieu Morgue, meine mörderische Liebe, hochmütiges Totenhaus, geh mit Gott, du todesmutiger Liebestöter ... Es wird hell, Sirius. Mach das Fenster auf. Laß die frische Morgenluft herein.